第一五〇辑

OLDPHOTOS
老照片

主编 冯克力

山东画报出版社
济南

图书在版编目（CIP）数据

老照片 . 第150辑/冯克力主编 . — 济南：山东画报出版社，2023.8
ISBN 978-7-5474-4597-6

Ⅰ.①老… Ⅱ.①冯… Ⅲ.①世界史－史料 ②中国历史－现代史－史料 Ⅳ.①K106 ②K260.6

中国国家版本馆CIP数据核字（2023）第176395号

LAOZHAOPIAN DI 150 JI
老照片 . 第150辑
冯克力 主编

责任编辑	赵祥斌
特邀编辑	丁　东　邵　建
装帧设计	王　芳
特邀审校	王者玉　赵健杰
主管单位	山东出版传媒股份有限公司
出版发行	山东画报出版社
社　　址	济南市市中区舜耕路517号　邮编 250003
电　　话	总编室（0531）82098472
	市场部（0531）82098479
网　　址	http://www.hbcbs.com.cn
电子信箱	hbcb@sdpress.com.cn
印　　刷	山东临沂新华印刷物流集团有限责任公司
规　　格	140毫米×203毫米　32开
	6印张　138幅图　120千字
版　　次	2023年8月第1版
印　　次	2023年8月第1次印刷
书　　号	ISBN 978-7-5474-4597-6
定　　价	25.00元

本社对全部图片及文字享有专有出版权，任何单位和个人使用本书作品，须经本社同意。
如有印装质量问题，请与出版社总编室联系更换。

目 录

邓可蕴　爸爸邓广铭与妈妈窦珍茹　1
张聿温　幸会黄继光妈妈邓芳芝　14
姜铁军　回忆梁左　17

汪　城　口述　熊　珉　整理
　　一个人的抗美援朝　21
丁　东　再忆插队往事　41
林长华　抚今追昔话穿衣　54

白　峰　读图随想
　　——1920年的济南及胶济铁路　58

文　娟　田卫平
　　光社百年忆外公
　　——外公镜头里的老北京　77

吴玉仑　父亲的"路条"及其他　98

郭　新	半世坎坷意未沉	112
杨　潜	天龙山石窟盗凿之谜	126
邢小群	我和梅娘的交往	146
王　淼	童年记忆	160
李　洁	去柳树房，送上一帧老照片	174
于忠民	县城拍的"青春照"	182
李　立	一张军训照	185
冯克力	刘云志的情怀	187

封　面　年轻时的邓广铭与夫人窦珍茹（邓可蕴）
封　二　邓广铭与家人、友人的合影（邓可蕴）
封　三　吹肥皂泡的女童（文娟　田卫平）

爸爸邓广铭与妈妈窦珍茹

邓可蕴

　　1927年秋,山东济南的学生为反对文化专制、政治复辟,举行了大规模示威游行。我爸爸时在山东省立第一师范学校就读,也参加了这次游行。这时走在女子队伍前面的一位女生引起了他的注意,便问身旁一位叫窦子洪的同学:"那个女生是谁?你认识吗?"恰好窦先生跟那位女生是本家,都是山东德州陵县人,"她叫窦金玉,上济南女子师范(即山东省立第一女子师范学校)时考了第四名,很不错"。从此,这两位反对封建主义、接受新文化潮流、学习优秀的青年,就开始来往了。这位后来成了我妈妈的女同学,还接受了我爸的建议,把名字改成了窦珍茹,字振鲁。

　　山东省立第一师范学校的校长王祝晨是位开明人士,担任校长期间,积极参加新文化运动,约请北京大学的知名教授如沈尹默、周作人、梁漱溟等来校短期讲学,聘请北京大学毕业生来校任教,提倡学生广泛阅读北京、上海的进步书报、杂志……这种环境让我爸爸逐渐成了一个神往北京大学的青年。1927年受军阀张宗昌(山东军务督办兼省长)复辟的影响,教育系统被当局翻盘,1925年12月被撤职,许多反复辟的学生

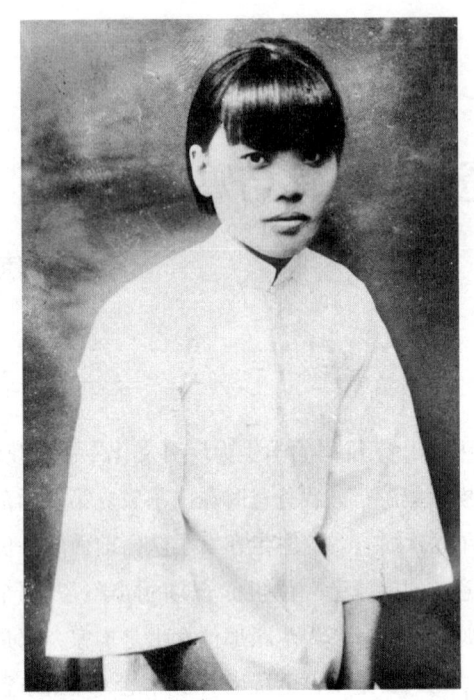

图1 1927年,在济南女子师范读书的妈妈。

领袖(开除名单上第一名就是邓广铭)也被开除了。妈妈在济南女子师范读书时也参与进步学生活动,并被选为"全国妇女协会筹备会"的山东代表。后因国共分裂,爸妈就不再参与政治活动了。

爸爸虽被开除,仍不改初衷,一心要上北京大学。但临邑老家早已破败,当初上师范就是因为这种学校完全免费,现在被开除出校,老家绝无能力接济他。离开省立第一师范后,1928年至1930年我爸在山东四处流浪打工,当抄写员、卖报卖杂志、做代课教师等。他不但得生活下去,而且还要攒钱以备考北大。由于他的遭遇和他的勤奋，不少来自底层的人士给予了帮助和安慰。

1930年我爸妈到上海结婚后，爸爸只身到北平，与省立第一师范的老同学李广田等人挤住在一起。（1935年李广田北大毕业后，我妈妈把她济南女子师范的同班同学王兰馨介绍给他，两人喜结良缘。）考大学必须有中学毕业证书才能报名，他却没有。于是他就在一个私立中学边读高三边去北大旁听一些课程，很是用功。1931年夏，虽然拿到了高中毕业证书，可惜我

图2　1930年，爸妈在上海结婚。

图3　担任山东胶县女子高小校长时的妈妈。

爸的理科分数太差,没能考上北大,但考入了(私立)辅仁大学西语系。开学前,爸爸回山东胶县(今胶州市)见到已经半周岁的我姐姐,同时为有点收入,他也在当地学校兼过课。

在辅仁大学西语系读了一年,受益于北大改变了文科理科的录取办法,我爸终于在1932年考入北大史学系。

1930年我妈妈在济南女子师范以优异成绩毕业,很快谋得山东胶县第一女子学校教员的职务,不久即担任校长,每月有五个大洋(银元)的稳定收入。在胶县她省吃俭用,一边带着1931年2月出生的我姐姐,一边工作,大部分收入给了我爸爸

（1931年读私立辅仁大学，1932年读北京大学史学系一年级），供他上大学。

我觉得，从此，我妈妈就是站在我爸爸身后、全力支持他向前发展的那个高尚的女人了。

1932年和1933年的两个暑假，爸爸都曾回到胶县，其间都在当地兼课教书，以贴补家用。1933年我妈妈也到北平考大学，被中国大学（当时学校在北平西单大木仓郑王府内）地理系录取。

图4是"胶县县立第一女校高级生敬送邓恭三先生返（北）平摄影纪念"。照片拍摄于1933年7月，由我姐姐保存着，今年3月我才看到。拍照时中国大学大概还未发榜，所以我妈妈虽

图4 山东胶县县立第一女校高级生敬送邓恭三先生返北平。爸爸坐在前排中间搂着我姐姐。后排左八是我妈妈。摄于1933年7月8日。

然是校长,也与学生同站在后面。

图5是我爸妈带着我姐姐,1933年在青岛臧克家先生家。照片上,我爸爸抱着我姐姐;扶着栏杆的是臧克家;衣领上有个很别致的黑色带子的女士是臧克家的第一位太太,姓王;坐着的是我妈妈。这时我姐姐已经两岁多。臧伯伯说:"这孩子这么可爱,我给起个小名儿叫玲玲吧。"十八年后,1951年,臧伯伯和我姐姐邓可因,在北京中山公园中山堂参加了北京各界人民代表会议,重逢之时,臧伯伯兴奋地依然大声喊她:"玲玲!玲玲!"

1931年我爸在辅仁大学西语系读书时,校长沈兼士先生请北大教授周作人去辅仁,给学生作中国新文化发展问题的演讲。

图5 右一臧克家,右二我爸爸,左一我妈妈。1933年摄于臧克家青岛家中。

周作人先后讲了六讲。几年前在山东省立第一师范，我爸也听过周作人的短期讲学，所以对他的绍兴口音大体已能接受。这次，我爸把周先生的六次演讲，都认真记录，整理成文，并送给他审阅。这成为他俩直接来往的契机。周先生告诉这位年轻人，北大接受胡适等人的建议，已改变了文科理科的录取标准，鼓励他再去考北大。

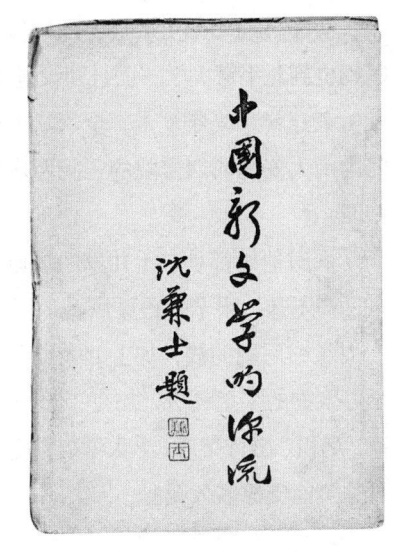

图6 《中国新文学的源流》1932年版封面

1932年暑期后，我爸已在北大史学系读一年级了，忽然接到辅仁大学校长秘书台静农的邀约。见面后，台先生将周作人先生写给我爸的信和审定后的文稿，当面交给我爸。信上说，北平有个"人文书店"要出版此文稿，他已写了序言，并已与沈兼士先生商定书名为《中国新文学的源流》。不久，第一版印了三千册，出版社付了三百（银）元稿费，周先生当即把这笔稿费统统给了我爸，自己分文不留，还再三称赞了我爸这个年轻人。

这是我爸第一次自己有这么多钱，完全出乎他和我妈妈的意料。那时北大教授陈独秀等人的月工资是三百（银）元，我妈在胶县做高小校长月工资是五（银）元。爸对我妈说，他想用这笔钱买一部百衲本线装《二十四史》。妈妈觉得我爸是学历史的，应该买，毫不犹豫地答应了。

买了《二十四史》后,那笔钱还剩余一些,我爸就商量让妈妈也到北平考大学,而且建议她学地理学。

就这样,当年夏末,全家三人就都到北平了,租住在西直门内南大安胡同四号院的三间西房里,两个上大学,一个在幼稚园。

那时他俩都是二十几岁的热血青年,他们热切地憧憬着未来,却不知,艰辛来得更快。

买书后剩的钱,加上北大给我爸的助学金,以及爸爸和同学办刊物的零星稿费,加在一起,总算可支撑这个小家庭的吃、穿、房租、出行交通、上大学、玲玲上幼稚园、生病治病等开支,可是又能支撑多久呢?

图7 1935年初秋,爸爸妈妈到幼稚园接玲玲回家。

图 8 邓小南与我妈妈窦珍茹。摄于1962年。

因这种种家累,我妈妈只读完大学一年级就主动辍学,去西直门外扶轮小学教书挣工资养家了。

从1930年爸妈结婚后,到1936年我爸北大毕业,这七年里主要的稳定收入是我妈妈的工资(当然还有买《二十四史》后剩下的稿费)。为了养活这个家,为了我爸能上北大,我妈妈付出了她的青春、健康,也背离了她发展的初衷……所以我觉得妈妈是我们家特别重要的后盾,怎么说也不为过。我必须将她的行止写出来。

图8是我非常喜欢的一张照片。这张照片中有她最幸福、快乐的样子。那时我妹妹小南患上肝炎,需要休学治病。经妈妈不到半年的悉心照料,小南的病终于养好了,不必留级,能回北大附小接着读六年级。全家都很高兴,我妈妈最高兴。照

图9 妈妈与姐姐的女儿小航合影。摄于1962年10月。

片中不单小南可爱、漂亮,我妈妈也特别自信,两眼炯然有神。

在过去的照片中,她从没有这么精神过,年轻时和我爸同框的照片也都显得沉重,也从来没有这么轻松的笑容。现在我有点明白了,我妈妈为人善良诚挚,聪明好学,知识面广,全身心地爱着她的丈夫和孩子。但现实生活的压力真是太大了,她不得不放弃自己对事业的追求,含辛茹苦地支撑起这个家。

图9摄于1962年10月,照相前,我姐四岁的女儿小航平时不知在家听大人们说了些什么,忽然就抱着姥姥的腿,仰着头说:"姥姥,以后我养活你。"我妈闻听此言,心里倍觉温暖。

图10　1962年夏，妈妈和三个女儿在景山公园。

图11　1962年夏，全家在北大未名湖北岸。

邓小南说,她小的时候,1961年左右,有一次跟我妈妈进北大东门往朗润园走,在路上,那时候妈妈就对她说,作为一个女生,长大以后,一定要有自己的事业。这话小南一直记在心里。

我初中毕业后想上农机中专(在哈尔滨王岗),我妈坚决不同意,要我接着上高中、上大学。后来妈妈两次对我说,女孩子上完大学以后,还要能自立才行。大姐说,妈妈也对她说过这种话。这是母亲对她的三个女儿的嘱咐。我明白这也是她

图12　这张照片是爸妈最后一次同框合影。

对自己的反思。能让妈妈欣慰的是，她的三个女儿都事业有成，没让她失望。

图12这张照片是爸妈最后一次同框合影。1963年深秋，小南已读北大附中初一，我姐的女儿小航已经五岁了。最左侧的男人名叫许本文，是我爸的表侄，也是我的老师、北京农机学院理论力学教授。

1964年4月23日，我妈妈因患食道癌，加上内心多年积郁，在北京病逝。

这年4月初（那时我已在新疆石河子农学院教书），姐姐突然发电报给我，告知我妈病重入住阜外医院，爸叫我回北京照顾妈妈。恰巧这个月我的学生到农场去实习，我没有课，于是自费买了飞机票第三天就到北京。后来"文革"时，还因我自费买机票回北京，给我扣了顶"典型的新生资产阶级"大帽子。此为后话。

回北京后，我和姐姐等四人轮流日夜守护我妈妈。

有一天爸爸来看妈妈，默默地坐在窗户边上，谁也没说话。后来爸爸就哭了，哭得很伤心。我坐在妈妈病床边没离开，虚弱的妈妈只说了一句话："什么都晚了。"……现在我觉得当时我实在是又笨又傻，我本应该离开病房，让他们俩能在生离死别前单独说说话啊！对此，我真是后悔。

我们的妈妈葬在了香山和玉泉山之间的万安公墓。

幸会黄继光妈妈邓芳芝

张聿温

1974年10月上旬,空降兵某军召开第一届政治理论骨干经验交流会,首都主要军事新闻单位应邀前去采访。采访团阵容很强大:新华社军事部一人,新华社空军分社三人,解放军报社两人,空军报社两人。当时,我从原武汉军区空军借调空军报社不久后,被告知正式调入空军报社工作。此次让我参加采访,还要我顺道回一趟湖北随县老部队交接,带走个人物品,以便正式进京工作。

没有想到,这次采访,有幸见到了黄继光烈士妈妈——八十三岁高龄的邓芳芝老人,并留下了一张珍贵合影。

空降兵某军是特级英雄黄继光生前所在部队,该军第四十五师第一三五团二营六连是黄继光生前所在连。这次军里召开盛况空前的大会,特地邀请了黄妈妈参加,黄妈妈顺便带来了孙女黄英,送她参军。军里还邀请了上甘岭战役幸存的英雄、老师长崔建功和老连长万福来,请他们作报告,参加座谈会。

大会开幕那天,黄妈妈上了主席台。当军首长、会议主持人介绍黄妈妈时,全场掌声如潮,经久不息。当介绍到黄妈妈的孙女、黄继光的侄女黄英被批准入伍时,全场再次掌声雷动。

那几天，我们度过了和黄妈妈一起住军部招待所，一起在食堂就餐，一起聊天的难忘时光。担任第一届至第四届全国人大代表的黄妈妈，到底是见过大世面的人。但见她老人家和蔼慈祥，总是面带笑意，性格开朗，谈吐得体，举止大方。会下散步，军宣传处的赵副处长绘声绘色地给我们介绍了他所知道的黄妈妈，其中有个情节令我至今难忘。黄妈妈先后三次见过毛泽东主席。1953年4月，黄继光在上甘岭战役中牺牲半年后，黄妈妈第一次见到毛泽东主席，她作为代表参加全国妇女大会，这期间被毛主席邀请到中南海做客。毛泽东主席握手时对她说："你失去了一个儿子，我也失去了一个儿子，他们牺牲得光荣，

采访团与黄妈妈合影。后排左一为笔者。

我们都是烈属。"黄妈妈紧紧握住毛主席的手,对毛主席说:"都是您教育出来的好战士!"

从世上流传的多幅照片可以看出,黄妈妈照相时总是笑容满面,由此可见老人心底充满阳光,对生活无限热爱。这次我们采访团和她合影,再次证明了这一点。前排放了三把圈椅,黄妈妈端坐正中,她右手边上是解放军报社领导小组成员、当年曾大名鼎鼎的李志高,左手边上是新华社军事部资深记者老于(名字忘记了)。其他人在黄妈妈身后站立,从左至右依次为:我、空军报社处长金为华、新华社空军分社摄影记者吴森辉、新华社空军分社记者蔡善武、解放军报社驻空军记者站记者黄桂生、部队在新华社空军分社实习的新闻干事(名字忘记了)。

可能由于年事已高,路途遥远鞍马劳顿,加上水土不服,黄妈妈来部队后的第二天,就感觉腹部不适,但她还是强打精神,参加大会开幕式,接待来访和看望。

多年后才得知,那时老人家已身患肺癌。参加完部队活动回四川后,黄妈妈就病倒了,四个月后仙逝,享年八十四岁。在那个年代,这已经算是高寿了。

回忆梁左

姜铁军

著名剧作家梁左先生因心脏病突发而去世,如今已二十余年了。回忆起20世纪90年代与梁左交往的日子,仿佛就在昨天,他的音容笑貌不时地浮现在眼前……

90年代初,我在一家话剧院当编剧,被推荐参加中国戏剧家协会在北京举办的中青年编剧研讨班。给我们授课的都是在戏剧界有影响的剧作家、导演、教授,其中有导演冯小刚、何平,演员吕丽萍、方子哥,还有中央戏剧学院的教授张先,以及北京电影学院教授林洪桐、汪流等人。给我印象最深的是梁左,因为他讲课非常有特点,很受学员欢迎。后来我还与他有过一段交往,至今难忘。

记得是研讨班开课三四天后,张先教授给我们授课。他是下午来的,讲半天课。课程结束的时候,主持编剧研讨班的老师和我们说:"明天的授课人我们做了一下调整,提前请梁左来给大家上课,如果没有什么事情,大家不要请假!"学员们十分兴奋,当时他创作的系列情景剧《我爱我家》在电视台热播,反响强烈,学员有许多创作的问题想向梁左请教,课程表上梁左的课被安排在后面,没想到提前了。当时我和黑龙江某话剧团的编剧小唐住在同一个房间，为了当面向梁左请教喜剧的创作问题，我们俩还好好地研究了一番，列出一个提纲。

第二天上午，梁左准时来了。他戴着眼镜，说话很幽默，慢声细语，抽烟很厉害，这支抽完没多久，接着又点上一支。他一坐下就说："我从北京大学毕业，可北京大学有些人觉得我搞相声、搞喜剧给北大丢了脸。我说的是真事，有一位教授在上课时就跟学生说，你们以后毕业不要学梁左，不务正业，给我们北大丢脸。"然后，他一本正经地问我们："我给北大丢脸了吗？"学员们哄堂大笑，课堂气氛一下活跃起来。梁左讲课的最大特点是，他讲喜剧创作，把学员们逗得前仰后合，他却从来都不笑，非常严肃。越这样，学员们越觉得好笑，听梁左讲课真是一种享受。

讲完课以后，就是学员提问时间，提的问题五花八门，有的问题甚至和剧本创作没什么关系，梁左都一一回答。有的问题他回答不好，就老老实实地告诉学员们："我对这个问题没有研究，你们请教别的老师好不好？"他为人谦虚、热诚，给学员们留下了很好的印象。有人问他，为什么从北京大学出来不去搞学术研究，而是去搞相声创作。梁左回答，之所以选择去艺术研究所搞相声，是因为觉得老百姓太需要笑声了，太需要幽默了。自己是从搞相声创作开始，后来才转搞电视剧的。"天天板着面孔生活，太累了。希望在座的回去后多搞喜剧，需要我帮助的话，我一定尽力！"他的话，让学员们心里特别温暖，像他这样的著名剧作家如此平易近人，很难得。

讲课结束后，我来到梁左的跟前，递给他一张名片，做了自我介绍，然后拿出我上课记录用的笔记本，请梁左给我留一个通讯地址。梁左很爽快地答应了，还特意留了一个电话号码，

笔者请梁左（右）签名留念

说他平时不坐班，有事情也可以给他打电话联系。在我们说话的时候，小唐用他的照相机给我们拍了照片，成为我与梁左交往的珍贵纪念。

因为在课堂上提问题的学员太多，我和同屋的小唐准备好的一些问题没有来得及提问，所以，一直想找个机会与他单独交流。过了几天，编剧研讨班给学员放一天假，叫大家放松一下。许多没来过北京的学员都想利用这个机会到北京的风景名胜去游览一下。我和小唐一商量，决定去找梁左请教一些创作上的问题。还没和他联系呢，心里就开始打鼓，人家是著名剧作家，有时间接待我们吗？会不会敷衍我们啊？可觉得机会难得，还是不要放过。于是，就给梁左打电话过去，没想到，他爽快地答应了，叫我们去找他。

我和小唐商量，去向梁左请教问题，总不好空手去，应该买点礼物带着。买点什么呢？梁左喜欢抽烟，我们俩商量了一下，就买了一条香烟。看到我们买的香烟,梁左笑了:"不要客气,等我到东北去,你们请我吃饭就行了!"我们说:"没问题,就怕你不去!"梁左说:"有机会我一定去,一定去!"我们抓紧时间,把一些喜剧创作需要解决的问题提出来,向他请教。他说:"千万不要说请教,咱们一起探讨探讨是可以的。"接着,他给我们讲了一些他创作喜剧的体会。他说,在生活中有些事情单独看上去并不是喜剧,但这个事情在特定的情形下就成了喜剧。他举例子说,我们平时洗刷酒瓶子,不小心把手指头插进了瓶嘴里,被里面的空气吸住了,拔不出来,这没有什么喜剧性。可是如果刷瓶子的是个姑娘,她男朋友今天头一次到她家里来,手指头插在瓶子里拔不出来会怎么样?男朋友来了,她手指头拿不出来,就拎着瓶子和男朋友周旋,会是一种什么样的喜剧场面,想想就会让人发笑。喜剧必须是在生活细节里去挖掘,把看上去并不可笑的细节放在一个特定的环境里,让它变得非常可笑,又不荒诞,这对一个写喜剧的作者来说非常重要。梁左用他的真知灼见,为我们上了一堂生动的喜剧写作课。那是一种享受和满足,让我们真正学到了想学到的东西。

编剧研讨班结束后,我回到了单位。根据这次在研讨班上学到的喜剧编剧知识和写作技巧,我整理了自己的一些创作素材,创作了喜剧《钓鱼》。剧本写好后,把它寄给了梁左,请他指教。出乎意料的是,他很快就给我回信,信中不仅有一些鼓励的话,还有对剧本的修改意见。经过他的认真修改,剧本果然增色不少,喜剧味道更浓,后来这个剧本由吉林电视台拍摄成了电视剧。这是我第一个被拍成电视剧的剧本。

一个人的抗美援朝

汪　城 口述　熊　珉 整理

汪城为苏州著名文化人士汪星伯之女，曾参军入朝七年。汪星伯出身徽州汪氏，中央大学文学院院长汪东为汪星伯的叔叔，此女原本有意过继到汪东膝下为孙女。在汪城从朝鲜回国探亲时，汪东曾有词作："怜汝丫髻从军，六年成长大，暂寻归辙。汝父勤劳身更健，兄弟皆称雄杰。"汪星伯娶吴中状元陆润庠孙女为妻，得陆家世传医书，致力行医，但在诗、书、画、古琴、园艺等方面皆有修养。陆小曼曾拜他名下学习诗词书画。汪星伯曾负责修复苏州诸多园林，如拙政园大门头、假山，以及留园、网师园、耦园等，为园林文化贡献良多。汪星伯热爱国家，把子女送往部队锻炼。汪城在家排行老八，抗美援朝期间，在机要部门工作，荣立三等功一次。

此文由汪城口述，其女熊珉记录整理。

参　军

1950年学校动员学生报名参加抗美援朝，那时我在苏州中学初中部（现在的草桥中学）念书，小阿哥汪塈在苏州中学读

图1 汪堳参军的第一张照片

高中。因为我平时好动，脾气又倔，感觉家里不喜欢我，正好部队来学校招兵就一心想去报名，于是鼓动小阿哥汪堳一起报了名，当时也没跟家里说。

等到（1950年）7月份第一批名单张榜时，我只看到了汪堳的名字，没有我的，于是就哭了。

汪堳接到通知后不敢回家，怕家里不同意，担心回家后不让他出来（当时他高中是住校的），要知道他可是家里的宝贝。

几天后我回家一眼就看见大门上贴着喜报，进屋看到父亲喜气洋洋的，而母亲却在一旁哭泣，一边说："不同意，不许去。"父亲说："哪有批准了不去的道理。"只见汪堳的同学"黑皮"（绰号）站在母亲跟前说："好像是机要。"母亲不知道"机要"是什么，以为是收发电报或接听电话的，觉得这个安全。当时母亲只知道汪堳要去的海军部队很苦，就对田伯伯（注：孤寡老人田鹤峰，一直跟随汪星伯生活）说："你去三元坊（征兵报到处）看看，要是机要就去，要是海军就不去。"其实录取的是海军军事干校，大家都在骗母亲。

汪堳叫田伯伯回家替他把衣服等物品悄悄带去学校，就从学校直接跟着部队走了。田伯伯把汪堳留在家里的东西带回去，告诉母亲汪堳随部队走了。看到儿子的衣物，又得知他走了也不回家告别一下，母亲又伤心又难过，就大哭了一场。

1951年又有征兵通知了，我就赶紧去报了名，仍然没有告诉家里。心里梦想着自己能够当兵，那时正逢初二期末考试前夕，我根本没有心思复习功课，期待着征兵公榜的那天快点到来。可是心里又担心考试不及格会留级，总之心里非常不安。

终于等到公榜那天，记得是一个快黄昏的时候，我从红榜的第一个名字一路往下看，就是没看到自己，心里急得不得了，就哭了起来。旁边的同学看到了我的名字叫我，我一看果真是我的名字，在最后一个。

图2　汪城的个人照

于是我将信将疑，再去看了一遍，然后问同学："是真的吗？真的是我吗？""是的，你被录取了。"同学说。我立刻跳了起来，那个开心啊，真是无法形容，擦擦脸上的泪水就高高兴兴地回家去了。

回去我急忙把这个喜讯告诉父母，母亲没好气地说："人还没枪高了，是你扛枪还是枪扛你啊！"我的兴致一下就没了，心想："这么好的事，为什么你总是反对呢？……"

去报到的那天，父亲和田伯伯一起送我到三元坊，我领了崭新的军装换上，觉得非常自豪。父亲戴着大红花也感到十分光荣。

没过几天我就踏上了去往军校的路途。那天，欢送的人群从城南三元坊一直延续到城北的火车站，一路上人们敲锣打鼓挥舞着红花，场面非常热烈。我在军车上向夹道欢送的人们不停地挥手，心里说不出的喜悦。

二米饭

1951年7月，我们这批学生坐火车到了北京丰台的华北军区后勤干部学校，开始了军旅生活。

等到开饭的时候，一到操场上，就看见几个木制大抽屉，里面盛满了热气腾腾的淡黄的饭，可把我们乐坏了，嚷着："呀！蛋炒饭。"便迫不及待地丢下背包，拿着发的茶缸直奔"蛋炒饭"，每个人都装了满满一缸。可是吃在嘴里觉得不是滋味，既没有蛋的味道，也没有葱花的香味，还是淡的，根本咽不下去。我们问老兵："这蛋炒饭怎么这味？"他们说："这不是蛋炒饭，是二米饭。"我们都呆了："什么是二米饭？"他们说："是大米加小米，是特别招待你们新兵的，是细粮。"那时我们根本就不知道什么是小米，心想什么"二米"呀，这么难吃还算招待我们，弄得大家垂头丧气，顿时没了食欲。

晚上是高粱米饭，第二天是玉米做的窝窝头，很粗，略有些甜味，以前从没吃过。吃饭时又没什么菜，一个班一脸盆菜（除了茄子就是白菜），对于我们这批学生真算是一种考验。几顿饭下来知道不吃不行啊，为了填饱肚子也只能吃。这才明白了"二米饭"是细粮，是好东西，想想还是"二米饭"好吃。

那时北方用水很紧张，在南方晚上习惯洗脸、洗脚的我们，到了这个时候就犯愁，但也只能凑合了。洗脸时一个班只有一盆水，大家只好泼一点水在脸上，再用毛巾擦干就好了。这就是我们人生磨炼的开始。

军训时一个班十二个人，有男有女。我们班长叫李韬奋，

图3 汪城与战友合影。

队员有吴德蓓、曹瑞年、傅蓓蓓等。因为当时在军事干校训练的时间不长,分别后就再也没有联系,所以许多同学都已想不起来了。

射击考试

在军校进行一段时间训练后要进行毕业测试。平时我们训练打靶都没有子弹,就是练瞄准射击的动作,等到考试那天要

图4　汪城（右一）与战友合影。

真枪实弹，也是第一次用真的子弹。

连队上下最担心的就是我，因为整个团里我年龄最小，大家都怕我会被枪声吓到。教官就告诉我，不管怎样射击，只要不把枪扔掉就行了。班长说："要不你就不要参加吧。"我说："不！"排长也找我谈话，他们都怕我拖大家的后腿。我心想：你们小看我了，我就是要争这口气。

我性格很倔，最怕别人看不起我。从小家里就不喜欢我，在外我一定要争气。因为我年纪小，平时他们老惹（戏耍）我。有时拿个香烟盒给我，我不知道里面装的是什么，一打开里面钻出一条小蛇来，吓得我大喊大叫连忙甩掉。

在射击考试时，每人三发子弹，结果我打完了，忘了是二十八环还是二十九环，颇为出乎他们的预料。大家都很开心，有的战友还跑过来拍拍我、抱抱我，表示祝贺。我一声不吭，心想：哼！你们看不起我，我就给你们看看。

最后知道我们总成绩得了全大队的第二名，心里很得意。

"小广播"

1952年1月，我从军校毕业，先到了湖南衡阳汽车四十七团政治处当广播员。由于长期说苏州话，开始普通话不好，别人听不懂都笑我。

后来政治处金主任把我关起来，还上把锁，每天让我念《高玉宝》。等到吃饭时主任再来开门。有时候他念一句，让我跟着读一句，经过一段时间训练后，就让我当部队的播音员，因此大家都叫我"小广播"。

上前线

1952年12月，志愿军根据中央军委指示，全面部署了反登陆作战准备的任务。为了解决反登陆时物资运力紧缺问题，志愿军领导向中央军委请示，又紧急组建了六个汽车团（其中四个汽车团入朝）。

1953年1月，中南军区抽调汽车四十七团几个连，与其他部队组建成志愿军汽车十八团，准备赴朝作战。

为了能上前线，我向团里主动申请，吕团长和王政委都不同意我去，说："你去干什么，你太小了，还是去读书吧，子弹是不长眼睛的。"当时还说你如果不想回去读书，就去部队

图5 汽车四十七团王政委一家,汪城去朝鲜前,送给她的留念照片。

的学校继续读书。

我问:"去念什么?"比我大的战友开玩笑地说:"不要去,端屎端尿的!"有的说:"挺好的,去读七年出来就是军官了。"那时我只想着做英雄,就说:"我不要,不要去端屎端尿,我要上前线。"

我想:参军就是为了抗美援朝来的,你们招兵时不是说要做有志青年和爱国青年嘛,要读书不会在家读?还跑到这里来读干吗?

到了吃饭时间,我就不吃,坐在团长的宿舍门口耗着。几次下来,首长们发现说服不了我,最后还是批准我去了。我被调到了志愿军汽车十八团政治处,当收音员。

行军途中睡觉

1953年2月部队开赴朝鲜,我们乘着"闷罐车"驶过鸭绿江。

开始时，上前线不知道害怕，我们一路上还唱着军歌，大家都兴高采烈的。等到了新义州，看见到处都是炸毁的树木、房屋和焦土，我才觉得有点害怕，心想：这就是战争吧？

到了前线条件很艰苦，经常要行军，要走好多好多路，有时还要赶夜路。首长叫我乘汽车，我不要，非要跟着部队一起行军。为了鼓舞士气，我被临时叫出去做宣传员，就是跟着其他几个战友一起，跑前跑后地唱革命歌曲、打腰鼓，结果脚上都起了泡。

有时连夜赶路疲惫不堪，走着走着就睡着了，自己不知道就往前倒，撞到别人了也没知觉。人家一看，哟小鬼睡着了，就一把把我提起来。那时年龄还小，不到十六岁。

图6　这是一次战斗结束后，后勤部工作人员为庆祝，在驻地山洞对面的山坡上合影。第一排左三是汪城。

弹片擦肩而过

刚到朝鲜时,虽然天天都有大轰炸,但个人对打仗还是没有一点感觉。晚上看到照明弹和炮弹在空中飞过,发出五颜六色的光,就好像看烟花一样,感觉很新鲜。如果飞机油箱被击中就像一个火球掉下来,甚至还觉得很"好看"。(那时飞机油箱是挂在飞机外面的,如果油箱被击中就要把油箱扔掉,保证飞机不被炸毁。)

有一次,我正站在外面捂着耳朵看夜色中天上的炮火,突然有人从后面把我扑倒。我挣扎着说:"干什么啦?"语气非常生气。炮声过后一位战友把我拎了起来,指着指导员的背说:"看看,要不是指导员你小命都没了!"我一看指导员背上的军大衣被弹片削掉了一大块,露出了白白的棉花,这才知道我这么做有多么危险。至此才理解首长说的"子弹是不长眼睛的"含义了。

冰天雪地的生活

朝鲜的冬天很冷,雪要积到膝盖那么厚,走起路来脚要抬得比膝盖还高,一脚一脚地走得很慢,裤腿上都是冰。我们早晨起来,洗脸没水,就到河边敲开一块冰,然后把毛巾放入水中,等毛巾拎出来时,手已冻得像红萝卜一样,洗脸的手都僵了。

我们团是负责保证前线物资运输的,虽然不到前线,但离那里很近。平时没有条件洗澡,有时我们到朝鲜人民军驻地去洗。有一次我们洗澡洗到一半,热水没了。这可怎么办?只好一边

图7 汪城与战友合影。

硬着头洗一边咬着牙，嘴里吸着冷气，人在发抖。洗完后赶紧往驻地跑，到了住处才发现，头发已冰冻得像刺猬一样。

那时我们睡的是山洞，每个人一条薄薄的被子，下面垫的是一条油布。山洞里非常潮湿阴冷，早上起来油布上都是水。

晚上的时候，洞里会有取暖的设施。其实就是一个汽油桶里面放些煤块，煤块下面烧着木头，上面有个大锅用来烧水。

我们女兵每人每月有四元零花钱，就是给我们平时买手纸的。每次听到有白糖卖的时候，我们就嘴馋，忍不住要买。买回去后，先将白糖用热水化开，然后倒在军用茶缸里，再拿出去冰。第二天把茶缸里冰好的"冰糖"放到炉子上烤一烤，茶缸里的"冰糖"就可以倒出来了。我们像吃冰棍那样慢慢地吃，有首长来了就赶紧藏起来，这就是我们最开心的事。

威严的团长

有一次我们团在执行任务时,突遭敌机跟踪轰炸,车队行进在盘山公路上非常艰难。因为速度不快,团长边跑边指挥,突然一辆车被弹片击中,抛锚了。在这关键时刻,司机急坏了,他冒险抢修,累得满头大汗。战争期间时间就是生命,一车挡道,就延误了整个车队,会阻碍前线物资的准时运输,会造成更大损失。

时间不等人!团长立刻下令把车推下山冈。司机难舍爱车,犹豫不决,团长当即拔出手枪威严地命令道:"推!谁不服从,

图8 汪城第一次回苏州探亲时与家人合影。左一为汪城,左二汪星伯。

立即军法处治！"我们都惊呆了，紧张得不敢出声，心想团长怎么这样无情。军令如山倒，团长和几个战士毫不犹豫地把车用力推下了山冈。车队终于可以快速前进了。当时空中还有敌机在盘旋，情况十分危险，如处置不当，就有可能全军覆灭！

后来我们听说，团长曾是总司令的小车司机，怪不得那么果断、那么威严，我们都非常崇敬他，但也非常怕他。

战友遇难

还有一次，我们团驻地遭遇了突然袭击。幸好车队出去执行任务了，没遭受太大的损失。这次轰炸很猛烈！听到炸弹的呼啸声和急促的脚步声，我赶紧冲出屋跟着战友跑过去。一看是炊事班的山洞被击中了，我们焦急地从倒塌的洞中寻找炊事班战友，拼命挖开泥土和石块，抬起压在战友身上的树干，把他们从洞中抬到平地。

我努力挤进去，看到昔日为我们辛劳的战友紧闭着双眼，苍白的脸上全是土和血。我们摇晃着他们，叫喊着他们，可他们一动也不动。我哭了，哭得很伤心。"快搬！"军官一声命令，我们只好强忍着……

他们曾像大哥哥一样关照我，知道我每天晚上要加班（我那时是收音员，负责每天半夜记录新闻，然后刻成钢板，再印刷出来作为小报），没东西吃，有时候就会抓一把又干又小的生花生米给我吃，那时可算是好东西了。知道我吃不惯粗粮，时常还会留点细粮给我，他们都很疼爱我。

大家忙着为他们换上干净的军装，就地埋葬了。我们用山上的松枝扎成花圈悼念他们，愿他们像松柏一样长青，他们将长眠在这异国他乡的土地上。我恨那些侵略者夺去了他们年轻的生命,我们发誓要狠狠打击侵略者,为战友报仇。

与朝鲜人相处

有一次我们途经朝鲜人的苹果园,就驻扎在那里,住的是帐篷。那天晚上夜深人静的时候,只觉得有东西啪啪地掉在帐篷上,我们都不知道是什么东西,就有些紧张,不敢出声。等到早上起来,小心翼翼地打开帐篷一看,眼前是一个一个黑乎乎的小球,用手一抓被刺得好痛,赶紧扔掉。我不知道那是什么,有人说是毛栗子,我还是第一次见到。

图9　汪城与朝鲜孩子合影。

当地朝鲜人没有见过女志愿军,所以觉得很好奇。当时有个翻译,照片(图9)可能都是他拍的。朝鲜人好奇地问我们,父母怎么舍得让你们这么小就出来打仗,很心疼我们,还塞苹果给我们。

我们比朝鲜孩子们大不了多少,他们叫我们姐姐。我们语言不通,就用手比划着交流。她们给我们唱朝鲜歌,我们给她们唱中国歌,十分融洽。

我很喜欢一首朝鲜民歌《春之歌》,旋律十分优美,歌词描绘了美丽的村庄,歌词有"……依依垂杨,随风飘荡,享受着春之光,清凉的井水微波,虚弱的泉水低唱……村庄依旧,依旧垂杨,年轻人又成长,他们穿上军装,英勇地走向战场……"

当我们部队离开的时候,朝鲜人知道后,都捧着苹果等一些食物追赶着我们的队伍,一路哭着,不舍得我们离去,我们在车上不停地向他们挥手,以示告别。

单独执行任务

连队有一次派我一个人去司令部送信,还要从司令部带回消息。这是我第一次单独执行任务,心里有点紧张。去的时候还好,回来的时候司令部那边在被轰炸,路被封锁了,只好绕道返回。路上到处是被炸毁的车辆,还有尸体,当时心里只想着要找到回去的那条大路,什么也顾不上了,就从一具具尸体上越过。由于敌军在不停地轰炸,路上要躲避炸弹,又是绕道,所以耗时较长,到天黑还没归队。

这边团长急得要命,和司令部取得联络后知道那边在被轰

图 10　一江山岛战役后，汪城哥哥汪埙回家探亲和父母在苏州拙政园合影。

炸，说"小鬼"已经去过，现在应该往回走了。可是天都黑了，怎么还没见"小鬼"的影子呢！

　　大家饭也顾不上吃，都站在门口焦急地等候着，不知道我到底会怎么样。一直等到很晚，他们看到我赶回连队，都高兴得不得了，团长抱抱我说："总算回来了，急死我们了。"然后大家赶紧吃饭，我一声不吭只管吃。饭后大家去休息了，我还要等着夜里 12 点记录新闻，结束后一个人回宿舍时，就想起了白天爬过死人的事，这时心里好后怕。

阿妈妮

　　在另一次执行任务完返回时，我和一位战友因对山路不熟，急匆匆中就迷了路，走到一个山村时，感到又渴又饿又累。那个山村几乎没有人烟，我们渴了就喝点稻田里的水。我们准备吃点干粮再上路时，却意外遇到了一位"阿妈妮"（朝鲜语，指母亲），她见到我们两个女兵，很高兴地拉着我们走进山坡上一间草屋，屋子很破旧，她倒了一大碗水给我们喝。啊！甜甜的，是泉水。

阿妈妮指着屋外向我们比划着，我们出去一看，只见屋后的山上流淌着一小股清清的泉水，叮咚作响，由一个木桶接着。我们只会说："阿妈妮，谢谢！"阿妈妮拉着我们的手，心疼地看着我们，突然转身端出两碗热腾腾的米饭，还有一盆泡菜。真香！可我们部队有纪律，是不能吃的。阿妈妮使劲往我们嘴边送。我们指着自己的干粮，她好奇地看我们带的干粮，见是面粉就要和我们换。

我们以前听说过当地人没有面粉，于是答应交换后，我们才放心地吃了。盛米饭的两只铜碗很大，两把铜勺也很大，黄黄的，亮亮的。米饭也有点黄，很好吃，像我们的糯米饭。泡菜又脆又香，有点酸有点辣。这是我一生中吃得最香的一碗饭，至今记忆清晰。阿妈妮看我们吃得那么香，开心地笑出了眼泪。

我们把带的干粮全都给了阿妈妮。她把我们送出了山谷，依依不舍地挥手向我们告别。这份深情让我们难以忘怀。

立功受奖

在一次战役中，有祖国派来的慰问团前来慰问。演出正到高潮的时候，又有敌机来轰炸，慰问演出被迫结束。后来慰问团的同志们与战士们相互交流，有的教我们唱歌，有的教跳舞，那天非常快乐。

战争期间，时常会遭遇敌机的大轰炸，大家都会意识到第一时间要去保护自己负责的机器。战场上要求"人在机器在"，所以我会匆忙跑去看护打字机、收音机等设备。有一次在山上，我在慌乱中只顾着跑，不料迎面撞上正顶着门板的朝鲜人，我被门板突出的一块撞中了脑门，立刻昏死过去。等我醒来，别人已经把我抬到山坡下了。

1954年1月，我被调到志愿军后勤二分部保密室做打字员。二分部所属的汽车团，当时称为"炸不烂的钢铁运输线"。他们告诉我调过去是操控机器的，我心想：好啊，这有技术了。结果一看到打字机，就觉得这算什么机器啊，那么小，所以就哭了。那时的中文打字机的字是反过来的，看起来很难，但很快我就学会并熟练掌握了，而且打得又快又好。

图11　保密室的战友们（前排中间汪城），前排右是保密室主任郭毓芬。

图12 朝鲜人民军颁发给汪城的"金日成勋章"证书。

为表彰抗美援朝战役中立功的军人们,1955年2月,我被部队授予三等功一次。朝鲜方面也授予我"金日成勋章"及表彰证书。我接到了部队颁发的功臣手册,其中记录了功臣事迹。部队还给家属颁发了革命军人的立功喜报,家里人也为我感到骄傲。

1955年,军队开始实行军衔制,部队在朝鲜就开始整编精简,精简那些文职人员,还有女兵。

1955年4月,我被调到志愿军后勤司令部保密室做打字员,从此就成了部队工作人员。

复 员

1957年到了复员回国的时候,部队要我回苏州,去继续读书完成学业。当时黑龙江生产建设兵团到部队招人，我就申请到黑龙江生产建设兵团去。当时团长不同意，一个战友说："李团长最照顾你了，他家有七个儿子了，想要你做他家儿媳妇。"那是开玩笑的话，最后我还是回了苏州。

回苏州后，我准备去苏州市六中报到（当时苏州中学初中部的校长在那里任校长），结果中央下发一个通知：要求年前安置好转业军人。于是我被安排到了东吴丝织厂党委办公室。厂党委书记很器重我，党委开会都让我参加，我是书记员。但我觉得不合适，就对书记说："我又不是党员，怎么能参加党委会议呢？"书记说道："不是党员可以培养成党员的呀，你在部队保密室都是从事部队机要工作，怎么就不能参加会议呢！"

当时苏州钢铁厂正在筹建阶段，需要一名打字员，就到市里调取档案，得知我这个打字员没有从事打字工作，于是向市里提出要人，市里下发调令到东吴丝织厂。党委书记本不想让我去，但又不好直接拒绝，就说听听我的意见。我觉得应该服从组织的需要，于是一口答应下来，很快就到苏州钢铁厂去报到了。

再忆插队往事

丁 东

二十年前，我曾在《老照片》发表过《插队的日子》。2023年6月23日，我又回到沁县长胜村，感慨颇多，不禁再忆五十多年前的插队往事。

饥饿的考验

在长胜村一起插队的同学有二十几个，大多毕业于北京师范大学第一附属中学。年纪最大的二十一岁，最小的十四岁。全村六个生产队，每个生产队四五名知青。我和文重萍分到六队，同队的还有齐新建、刘文利、杨英三名女生。

农民自称"受苦人"。我受苦感到最大的挑战是饥饿。社员一年才分三百来斤原粮，没有自留地，只好年年寅吃卯粮。知青下乡第一年，国家供应五百二十八斤原粮，每月四十四斤。加工成米面，只有三十八斤，一天不到一斤三两。如今副食充裕，一斤米够吃几天。当时没有肉蛋蔬菜，油也很少。春耕夏锄，披星戴月，上工时间长达十几个小时，劳动强度很大。知青自己开伙，按计划吃粮，早上半斤玉米面煮窝窝，中午一大

图1 1969年1月,我们三个人组成"长征队",徒步前往插队的山西沁县。这是从天安门广场出发时的留影。左起依次为文重萍、笔者、杨小平。

碗"和子饭"(把水烧开,放些小米、土豆块、扁豆,再放些高粱面的面条煮熟),晚上一大碗小米稀饭,一会儿就消化完了,在地里干活,饿得前心贴后心。农家先紧下地的人吃饱,看我们吃不饱饭,直叹知青恓惶(可怜)。秋天生产队加夜班,队里用集体的米面烙饼,一张四两,我竟吃了五张。后来,知青自己养了猪,种了菜,冬天回家探亲节省的粮食,拿到农忙时吃,才摆脱了饥饿。

对肠胃的挑战还没完。1970年冬天,山西省农村开展"整党建党""一打三反""农业学大寨"运动,选择一部分大队进驻工作队。我和知青张惠文、军转干部牛文亮、沁县中学教师老夏组成一个工作队,进驻了本公社轻城大队,工作队长是公社秘书老王。那年国务院召开北方农业会议,沁县估产能达"纲要"(亩产四百斤),县革委会副主任出席了这次会议。谁知这年冷得早,推广的"晋杂5号"高粱生长期长,没有完全成熟,早霜就下来了,全县实际亩产连三百斤也达不到。县领导不相信实际产量和估产差距这么大,为了按估产完成征购任务,掀起了"反对瞒产私分"风暴。某畜牧业先进村,以往饲料粮留得比较足,这次被抓典型,村支书和大队长在全县三级干部会上被当场逮捕,吓得全县农村干部风声鹤唳,只好回去一遍又一遍地打场,一车又一车地交粮。农民眼看交罢公粮,剩下的口粮已经吃不到春节,都着了慌,只好以糠代粮,应付饥荒。变化马上在派饭上体现出来。按规定,工作队员挨户轮流吃派饭,一天交一斤三两粮票、三毛钱,农民往常尽量给做些好饭,但饥荒降临,农民也顾不上许多。那些天家家派饭都吃糠窝窝,拿起来就散,双手捧着吃,粗糙得咽不下,只好舀蒸锅水往肚里灌。转业军人牛文亮说,老百姓做饭有困难,我们不能自己开伙?大家采纳了他的意见,于是我们不再吃派饭,吃起了"小锅饭"。不久,公社知道了,批评我们不和社员搞"三同"。没办法,只好重新吃派饭。

好在沁县征过头粮的事,很快被李顺达知道了。李顺达是农民出身的中央委员,知道农民的疾苦。他发话,不管怎么,也得让老百姓一年吃上三百斤粮食。于是,征的过头粮又一马车一马车地从县粮库拉回来。这样,我们才结束了吃糠的日子。

我在工作队干了七个月,那个大队的领导班子重新配置后,便回到长胜村。秋收社员分粮,上面让知青司秤。明明有磅秤,队长仍然选择木杆秤,二人抬着称粮。秤杆翘得高高的,农民就能多分些口粮。我睁一只眼,闭一只眼。我的同情心在农民一边。

实行包产到户,取消人民公社,结束粮食统购统销后,90年代初我和文重萍相约回过一次长胜村,见到原先的副队长。他说:"现在和你们在那时不一样了,虽说还是没钱花,但能吃饱了。"

图2 途经太行山上

宣传队和小评论

我们村知青,很快以文艺表演出名。同学当中,丁振刚喜欢音乐,不但擅长乐器,还能作曲;文重萍、张惠文、张军等都有表演才能。他们排了一台节目《收租院》,很被县里看中,名声还传到晋东南专区。以后,不管农忙农闲,只要县里需要,长胜文艺宣传队就停工排戏。后来,沁县修铁路,好几位宣传队的骨干,被收入铁路民兵团。

我不会唱歌跳舞,喜欢写作,仿《长征组歌》形式,写了知青组歌,请丁振刚谱曲,其中有一句"风梳头,雨洗脸,思想红,意志坚",居然在同村知青中传唱开来。

我还牵头做了一件事,在村里供销社门口,办了一个小评论专栏。小评论办得正火,母亲来电报,说父亲病危,让我回京。我插队下乡之后数月,父亲到了湖北沙洋五七干校。没几个月,他就病了。冬天我回北京,父亲从干校来信,要我在北京多待几天,实际上他正在申请回京。我急着弄小评论,便不等父亲,不料回村才几天,父亲被同事专程送到北京。我只好再次赶回北京。父亲已是肝硬化晚期,在医院的病床上,腹胀如鼓,说话都已经很吃力,十几天后就去世了,年仅五十二岁。从此,我家失去了主要经济来源。母亲工资不高,要维持外婆和妹妹的生活。我已经成年,不好意思再向母亲伸手。生产队里分值不高,欠款户多,我是长款户,账上有钱领不出来。我到外村当工作队员,每天吃派饭三角钱,粜粮食得一角钱,县里补助一角钱,另外一角钱得自己出,我手里攒了几元钱,不敢乱花,否则,吃派饭就没钱了。

知青的交游

我喜欢交游,在沁县插队三年,在知青中结识了一些朋友。

卢叔宁是北京师大一附中 1966 届高中生,在校期间我们并不认识。他在漳源公社李家沟插队,距长胜村约三十里。我借老乡的自行车,到李家沟拜访,和他相识,感觉他比我读书多,想得深,很愿意和他交流。

1970 年庐山会议后,传出一些小道消息。于是,我、文重萍、杨小平和卢叔宁,相约到漫水公社后泉知青点聚会。那天晚上,大家围绕陈伯达,各抒己见。有人说,陈是小资产阶级的代表,卢叔宁当场反驳,并预言,下一次斗争就到了军内。我没敢想他指的是林彪。当地消息闭塞,卢叔宁不会有更多的信息来源。

图 3 1991 年,笔者与卢叔宁(中)、文重萍(右)在深圳留影。

他靠对国情的直觉观察，做出自己的判断。数月后，发生"九一三事件"，我恍然大悟，时局变化竟被卢叔宁言中。于是，请卢叔宁到段柳杨小平住处，和赵国楠、文重萍等再次聚会。卢叔宁带来了秘不示人的日记，给我们念了几段。我们才知道他对林彪早有系统的反思，犀利的言辞，让大家振聋发聩。

卢叔宁是北京师大一附中的高才生，数学竞赛得过奖，文章登过报。"文革"初父亲不堪凌辱弃世，家庭悲剧推动他独立思考，质疑主流宣传。插队后，他尽可能寻找各种中外著作阅读，尤其喜欢鲁迅，他说鲁迅是他平生唯一敬重的人。我和他有过一次失败的南国之行。当时我还没有读过多少鲁迅的书，他讲起鲁迅来如数家珍。印象较深的是他把鲁迅和郭沫若作了比较，对前者怀着真诚的敬意，对后者却剖析得入木三分。当时的宣传，鲁迅被抬得很高，按政治需要进行了改造。卢叔宁系统地读过鲁迅的原著，在他心目中，鲁迅有独立的人格，是批判性的启蒙思想家。他冒着风险，坚持写日记。母亲和哥哥担心，恳求他烧掉。他毁掉少部分，将大部分保存下来。1998年，中国文联出版社组织一套丛书，向我约稿，我提交了自述《精神的流浪》，同时建议出版卢书宁插队期间的日记。出版社以《劫灰残编》为书名，让卢叔宁的部分日记面世，引起学界关注。印红标的专著《失踪者的足迹》，辟有论述卢叔宁的专节；钱理群的专著《爝火不熄》，洋洋洒洒写了三万字，评述卢叔宁独立思考的价值。

文联出版社的丛书要求每册篇幅十万字左右，书中没有把卢叔宁保存的思想精华全编进去。其实，他在沁县广播站工作期间，还写过不少东西，长诗《清江河的传说》，剑指闭关锁国，倡导对外开放；长诗《我们生得并不晚》，被反复转抄，在一代青年中不胫而走。

1977年冬，卢叔宁参加高考，分数很高，但那年并非分数面前平等录取，1966、1967届高中毕业的高分考生，多被挤到师范院校，卢叔宁被录取到晋东南师专，毕业后分回沁县中学教书。这时知青大多已经离沁，周围失去了思想碰撞的氛围。灰暗年代，独立的智者可能达到先知先觉，思想解放的大潮开启后，偏居一隅很难再领风骚。80年代后期，文重萍介绍他到深圳教书。他退休以后，我建议他撰写回忆录，他写成了《苦难、不屈与求索》出版，约三十万言。我应邀作序，称他是"思想史上的幸存者"。

魏光奇是北京外国语大学附属外国语学校1966届初中毕业生，也以好学深思见长。他在漫水公社后泉插队，距长胜村五十里。同村还有杨志栓、朱东力等喜欢思考问题。我和魏光奇相识后，纵论国是，诗词唱和。回北京探亲，我又认识了与杨志栓正在热恋的黄以平。黄以平毕业于北京一〇一中学，父亲是地理学泰斗黄秉维，中国科学院学部委员。黄以平人缘好，各路民间精英都愿意和她来往，家里就成了北京有名的沙龙。在这个沙龙里，发生过一些产生深远影响的辩论。张木生在这里发表了改变农村体制，否定人民公社的主张。我读到摘要，大开眼界。

魏光奇后来到长治东风钢铁厂当会计，1978年以同等学力报考首届研究生。我当时刚刚考上山西大学历史系，和任茂棠老师比较熟，向他转达了魏光奇投考的愿望。任老师对没有读过高中和大学的自学者不怀偏见，让他写了一篇文章，看后认为思索能力不错，和他见了面，用几个小时给他梳理了中国近代史的知识体系。结果，魏光奇在初试和复试中都是第一名，他顺利考入山西大学历史系，成为1978级中国近代史研究生，我是1977级本科生。读书期间，在沁县插队的知青赵国楠考上中文系，俞瑚考上历史系，李琨、席小红考上外语系，几个北京师大一附中同学，又成了山西大学同学。

1972年年底，我回长胜村办调动手续，巧遇李银河。沁县是她父亲的老家，她在内蒙古下乡三年，转到沁县乔村插队。李银河和我是北京第一实验小学校友，我比她高一届，在校期间并不相识。她听说文重萍收藏了不少文学名著，从乔村专程

图4 山西大学学生会欢迎美国学生来访。前排左二李琨，右一为笔者。

来借书，我和她由此相识。不久，我和文重萍去北京的李银河家，欣赏她家收藏的世界名画集。

李银河后来考入山西大学历史系，1977年毕业，到《光明日报》当编辑，1978年调进国务院研究室。《中国青年》杂志向她和林春约稿，她们合写了《要大大发扬民主，大大加强法制》，轰动一时。从此，李银河的名字进入公众视野。她说："在这个工作岗位上容易使人产生使命感，觉得自己的所作所为与国家的命运和人民的福祉沾上了边。"1979年，她参加理论务虚会。后来她和王小波结婚，到美国读博士。1988年，李银河留学归来，选择性社会学持续探索，逐渐成为这个领域最具影响力的学者。中国的社会转型中，性别问题很敏感。李银河进入早，著译多，不时与大众传媒互动，十分引人注目。她的言论，直面伦理层面的争议，不时发出对现行涉性法律的反思，前卫立场、理性精神、行动能力相统一。在同性恋等问题上，她都提出过独立的见解。过去很长时间，社会不分公域和私域，生理、心理问题被当成道德问题对待，道德问题被当成法律问题对待，李银河从基本人权出发，廓清界限，为性少数派的权利声辩。她的著述，产生广泛影响。某些性少数派的当事人，因而免受不必要的伤害，或者减轻了伤害。以至于司法领域的某些调整，也与此相关。

结束插队

在长胜村插队的同学，爱好文学、尝试创作的有好几位，我写诗，李丹妮写散文，韩旺辰写小说。王国全是多面手，小说、诗歌、剧本全面开花，他创作的叙事诗《格尔丹的传说》、抒情诗《大江三部曲》,都让我眼睛一亮。文重萍制订了一个长篇小说创作计划,为此搜集了不少中外名著。我们曾经互相切磋,一度成立长胜知青文学小组,取笔名"常青文"。

我们的文学活动得到县里的重视。1971年冬,沁县召开文艺创作会议,邀我和白锡喜等知青参加。接着召开图书审查会,邀我和杨志栓参加。那年中央开了一次出版工作会议,要求各地用"三结合"的方式,审查"文革"前的出版物,解放一批"文革"前的旧作。沁县审查了两本书,一本是散文集《故乡散记》,一本是小说《地下小学》。县里干部牵头,吸收工农兵各界人士十几个人,聚在县招待所,开始审书。县图书馆找不到《故乡散记》,只好先审《地下小学》。作者段杏绵是马烽的夫人,书中写的是抗日战争时期儿童团员的故事,只有十几万字。大家一边念,一边评议。有一位人民武装部的与会者,认为这段

图5　1990年,笔者与文重萍回长胜村时留影。

美化了日本兵，那段丑化了革命群众，我和杨志栓与他唇枪舌战，极力说明这本小说应当解放。一些来自工厂、农村的与会者，见我们振振有词，也有所附和。最后形成结论，这本书主流观念是好的，可以解放。后来，听说沁县审书的结果受到上级表彰，说有政策水平。而另一些县，因为"大批判精神"占上风，把没什么问题的书也枪毙了。

我当时并不认识段杏绵老师，后来我和邢小群结婚，才知道她父母和段杏绵是老同事。1992年，儿子按知青政策转回北京上中学，小群想就近照顾，但调动工作很难。1993年，中国作协创办《环球企业家》杂志，唐达成向主编冯立三推荐邢小群参加编辑工作，开始定不下来，段杏绵给张锲打了一个电话，让小群以借调的方式进京工作，改变了我们家庭的生活轨迹。

文学是苦闷的象征。随着插队的持续，一些知青开始寻找

图6 山西省委调研室九知青。前排左为笔者，后排中为王川。

脱离农村的出路，飞鸟各投林。我当时写诗有一部分是抒发真实思想感情，私下交流，求其友声；一部分是顺应时风，争取在报刊发表。当时担任沁县革委会通讯组组长的郭同德，给了我很大的鼓励和帮助。他和《山西日报》有业务联系，把我的诗推荐给相关编辑，一首很快见报。我又写了一些，订了一本，存在郭同德处，请他继续推荐。没有想到，这竟成为我结束插队的契机。

原来，时任省委书记曹中南提议，在大学选拔工农兵学员之前，省委调研室从全省挑选十名北京知青试用。调研室主任吴象派员分三路考察，其中一路来到沁县。我当时在北京探亲，郭同德向他们介绍我的写作能力，还把我存在他处的稿子提交给调研室考虑。

当时知青想招生上学，离开农村，关系因素已经发酵。我父亲去世，母亲是北京一所中学的普通职员，可谓无权无势，没有任何关系可以依靠。1972年（壬子年）春节过后，我回到沁县，惊喜地收到通知，让我到省委调研室报到。这真像从天上掉下来一个馅饼。当时，沁县和我一起入选的还有王川。他在插队期间已经加入中国共产党。我们到调研室试用一年后转正，成为国家干部。郭同德先生六十几岁就因癌症去世，我永远忘不了他的推荐。吴象领导调研室，秉公办事，量才用人，我终生难忘。

抚今追昔话穿衣

林长华

快过年时,拾掇书房,重逢这帧老照片。这是1970年夏天我初学摄影时,用海鸥牌120照相机为妹妹拍摄的"处女照",默默无语的老照片透出我们闽南农家人的陈年往事。

当时照相时,人人大都穿着自己最好的"靓装",过年时也不过如此。记得政府每年发给每个人的定量布票十多尺,显然不够用。我家还好,祖母是归国华侨,过年前,偶有一些她早年在新加坡的闺蜜送点旧衣服、碎花布,才不至于让我们衣衫褴褛。记得拍这帧照片时,四个妹妹穿的就是国外送来的旧服装,她们感到很时尚很气派,平时舍不得穿,只有过年或拍照时才穿出来。于今看来,无论如何叫人不敢恭维。

"衣食住行","衣"字为首,是因为服装对人们物质生活和精神生活具有重要的表象意义。服装,是一个时代变迁的重要符号,它像一面镜子,折射出时代的进步与发展。那些与贫困相关的穿衣故事并不随时光老去,它依然存储在我的记忆硬盘。大半世纪前,我家只有老爸是领工资的,每月也就是五六十块钱,家里过着清贫的日子。逢年过节,我们的穿衣问题是一件令家长抓腮搔首的事。那些年人们缺吃少穿,身体热

1970年我初学摄影时拍的首张照片。

量低,抵御不过寒冷天气。有一次临近过年,祖母为了让我们穿得体面些,鼓起勇气四处奔走,向她熟悉的华侨户求了几个面粉袋和一些手帕大小的碎花布,请裁缝师傅东拼西接,做成一套花花绿绿、男女通用的棉衣。这套衣服从这面看是黑色男装,翻过来却是花花绿绿的女式,我们兄妹轮流着穿,盈溢着欣喜,感到很"合体"很满足。当然,这种合体和满足是带着辛酸和勉强的滋味。

那些年,不管买什么棉织品都得凭布票,即便是一件背心,或丧事必用的白布也不例外，得由大队或街道居委会开具证明，到供销社登记，领取批条，然后到棉布门市部买布。衣服不够穿，人们有如刀耕火种时代的原始人，只要能御风挡寒，什么材料都能派上用场。冬季外村做节，亲戚邀请去做客，我们做客的必须自带棉被，棉被单薄就在床铺垫一层厚厚的稻草，棉被上加盖破麻袋御寒。1972年，供销社农资公司新到一批进口"机器肥"（农民对化肥的俗称），化肥袋是用"尼龙布"做的。那时，"尼龙布"在老百姓眼中无异于不明飞行物，非常稀奇。听说这种进口化肥袋用来做衣裤很耐穿，我父亲便找供销社主任"批条子"，花四毛钱买到两个，随即拿去染成黑色，给我做了一条时髦的"进口"裤。记得穿出来那天，亲友们既看又摸，投来不少羡慕的眼光。

　　计划经济年代，闽南人使用"脚巾"者屡见不鲜。脚巾，一种长长的薄纱巾，多是格子纹，有多种颜色，看似平凡，却很实用。脚巾与工地上的民工、田野间的农民们形影不离，或在腰间缠着，或在肩膀披着，或在脖子围着……它可一物多用，有时权充腰带、围巾、席子，遇到粉尘，可裹住嘴巴和鼻子，起到口罩的防护作用。干活时，可当毛巾擦汗，洗澡时则可当浴巾擦身。脚巾的长度宽度比一个人的身高和体宽略长略宽。在所有纺织品中，脚巾经济实惠，每条不到一元，而且只收几寸布票。未有自来水的夏季，男女老少就在乡野的池塘和村中的老井旁沐浴，男人们洗澡时随带脚巾，换下内裤随手在水中洗后，带回晾干。洗过澡，没穿内裤的男人惯用长长的脚巾围系在腰间，起到短裤的作用。

　　1972年，有一次亲友听说我要到厦门，像蝴蝶恋花似的蜂拥上门，托买最多的是免票且御寒效果好的腈纶秋衣，岂知走遍厦门繁华的东方红路（即中山路）各商店，我连"腈纶"是啥模样都没能看到。据知当时腈纶纺织品才面世不久，要在上海等大城市才能买到。从厦门回家后，我简直成了贵宾，受到隆重迎接，但是买秋衣的事却让亲友们感到扫兴。说来也许年轻人难以置信，1979年底我结婚时，爱人家要的彩礼非金非银，只是十二块布料（每块长六尺）。那时尚未取消计划供应，布票都不够用，哪来那么多布料？我只好不顾"见笑"，向新婚不久的亲友东拼西凑，不够部分就到处觅购布票补充，终于凑足布料，接受岳父岳母的"检阅"。岂料，爱人过门不久，就发现她衣橱布料日渐减少。有一天，她神情惊慌向我"报案"，我看瞒不过了，禁不住眼噙泪水如实招供："这'贼'不是别人。"妻得知原委后，只好摇头苦笑。

去年腊月的一天，废品收购员开着小工具车经过我家门口，正在切菜的爱人握着手中的厨刀就冲了出去，我以为发生什么大事，原来她是去喊收购员来收购闲置多年的"蝴蝶"牌缝纫机。记得那年我结婚时，我们动用"洪荒之力"，筹措二百元（相当于我当时五个月的工资）买来这架名牌"蝴蝶"，它为我们做新衣、补旧衣，立下赫赫功劳。如今，家里人衣服常换常新，即便穿得破点，只有人称赞，没有人笑话，"蝴蝶"因没事干已被冷落多年。妻子怕它搁着碍手碍脚，巴不得让它快快"飞"走。"卖了多少钱？"妻子摇了三下手掌。"才一百五十元，太少了！"我说。殊不知妻子比画的是十五元！

抚今追昔，感慨良多。

读图随想

——1920年的济南及胶济铁路

白　峰

山东临淄云志艺术馆收藏的一宗老照片，系1920年日本出版的《山东风景大观》画册之原稿，画册虽称山东风物，但实际上主要就是介绍胶济铁路沿线的风物。照片中没出现特定人物，即便有人，也是风景的一部分，映衬着春和景明或熙熙攘攘。然而就在这一片安静、祥和的背后，却隐含着大时代的风起云涌。

我们需要往前推几年来说这件事。

1904年初，按中国传统纪年方式还在腊月，仍是癸卯岁尾，清廷颁布了《奏定学堂章程》，故称"癸卯学制"，预备仿照日本学制开办新式学堂，但这年的7月，甲寅科仍如仪举行，这是历史上最后一届科考，我们耳熟能详的人物沈钧儒、谭延闿都是这一年的考生。那时候赴京赶考，很多考生还需要乘着马车或是雇人挑着书箱日夜兼程，路程远近各有不同，有的考生在路上就需数月之久。6月1日，或许有的考生还在路上，而此时横贯山东的一条铁路修到了济南，由此，胶济铁路全线贯通。

同年，济南围绕着胶济铁路火车站划定区域，自开商埠，济南也由此开启了近代化的历程。

济南自开商埠，系袁世凯1900年出任山东巡抚时的动议，应该说很有格局和眼光。自开商埠的治权、法权、税权都为中国政府所有，而约开商埠则大不同。

商埠的规划、管理办法等诸多事宜，系1902年出任山东巡抚的周馥谋定的，周馥来山东就是袁世凯力荐的，周馥参照的是上海租界工部局的一套管理办法，章程严整。中外客商来商埠经营没问题，要地也没问题，但是一切都要按照规划来建设，这大约是济南城市规划的端倪。胶济铁路站房（图1）前的这条路，东西走向，与铁道线平行，称为"大马路"（今称"经

图1 胶济铁路站房及候车室

一路"），与之平行的路称为"二马路"（经二路）、"三马路"（经三路）……"十大马路"（经十路），由北向南渐次铺开。自东向西，南北的路称为"纬一路""纬二路"，直至"纬十二路"。其实，"马路"也是个新鲜玩意儿，是由英格兰人约翰·马卡丹创立的筑路方法，是用碎石铺路，路中偏高，两侧稍低，便于排水，路面平坦宽阔。后来，这种路便取其设计人的姓，取名为"马卡丹路"，引入中国后，俗称"马路"。应该说商埠引进的新东西不少。

商埠还仿照上海租界的模式，开辟了"商埠公园"（图2），这在当时还是个新鲜玩意儿，但看上去有些荒凉。盖因济南不是上海，去乡村未远。北关车站系济南站向东开出的第一站，

图2 商埠公园

为客、货运三等站。其实就在济南老城的北部边缘、大明湖北岸,当时称为"济南小北门车站"。再向东一个站点是黄台车站,黄台站主要负责装载小清河航运码头的货物,超负荷的部分就通过铁皮车分流到北关站来装卸。北关是当时济南的煤炭和木材集散地。

从图3可以看到,北关周边还是一片水田,其中的那座楼阁应当就是大明湖的北极阁,水门即在其侧,汇集众泉之水而成的大明湖水,由此泄出,跌跌宕宕汇入小清河。

1912年津浦铁路通车,济南又成为重要的交通站点。曾经,南北物流主要依赖京杭大运河,鲁西南的济宁、鲁西北的临清

图3　北关风景

为经济重镇。1855年黄河在河南兰考北岸铜瓦厢决口,黄河夺大清河入海,形成今日黄河之格局,沿用上千年的京杭大运河自此断航。自1901年,漕运彻底废除,运河城市开始衰落。津浦铁路通车,铁路彻底取代了漕运,济南以胶济铁路深入齐鲁腹地,据津浦铁路得南北交通之通衢,开始融入中国最强劲的经济圈。济南变得前所未有的耀目。

围绕着胶济铁路,近现代史上的诸多大事件也渐次展开。

胶济铁路始由德国人兴建,系1897年巨野教案的后果之一。德国强占了胶州湾,强迫清廷签订了《胶澳租借条约》,允许德国租借胶州湾、在山东享有修筑铁路和开采铁路沿线矿产等

图4 津浦铁路站房,亦由德国设计师设计建造。

特权。山东遂成为德国的势力范围。

德国人也是过于自信,以欧洲殖民历史的经验,以为占了胶澳就是千秋万代,遂投巨资建设胶澳,一心要建成模范殖民地。德国人修建胶济铁路,自有他们利益上的考虑,德国驻上海领事说出了其中的奥妙:"盖我铁路所至之处,即我占地之所及之处。"但此举也将现代工业文明深植于齐鲁大地。而不久之后,兴起于欧洲的民族国家、民族自决观念传遍了世界,世界的变化也将越来越快,一如他们引入的势不可挡的机车。

1920年,在日本属于大正中期,大正时代与中华民国同始于1912年,与民国之北洋时期大致重合,大正时代结束于1926年,北洋政府终结于1928年。

当日本出版这本画册的时候,胶济铁路已经易手日本治下数年了,这是第一次世界大战中发生的事。得到国际社会认可,则是1919年"巴黎和会"的结果。

第一次世界大战爆发于1914年7月,即民国三年,系袁世凯当政时期。一战本身无正义可言,袁世凯精于算计,虽然他认为加入协约国,将来可能的损失最小而获益较大,但1840年以来中国在对外军事上屡屡失利所带来的严重后果,使得他做决定不得不慎之又慎。他很怕站错队,乃至怕站队,所以北洋政府最初宣布中立。

而日本此时的心态很不一样,明治维新以来,先是甲午战争打败了东方第一大国大清,后来日俄战争又战胜了欧洲第一大国俄国,已然跻身列强行列,也狠发了几把战争财,心气很足。加之日本觊觎胶澳日久,一战初起,即于1914年8月对德国宣战(一战全面爆发为7月28日)。9月2日,日本出兵占领山东龙口，很快又占领了济南火车站，控制胶济铁路。11月7日，日军在英军的支援下攻占了青岛。与此同时，日本海军也南下夺取德国在太平洋的殖民地马绍尔群岛、马里亚纳群岛、加罗林群岛。由于协约国多次要求日本派兵去欧洲参战，1917年3月，日本也派遣了三艘军舰前往印度洋和地中海，负责护航。

当初北洋军有两个师作为一战预备师，一个驻在青岛，一个驻在济南，瞄着的就是胶澳，但首鼠两端，让日本抢了先机。北洋政府进退失据，竟至于按兵不动，毫无作为。

欧洲主战场上，英法俄等协约国在战争初期还保持着乐观，对袁世凯迟迟不站边也未十分催促。第一次世界大战旷日持久，战事尚在胶着，1916年袁世凯却死了。战争打到1917年，协约国压力也很大了，主要是人力不足，所以一再催促中国参战。英法等协约国许诺了非常优厚的条件：一、民国政府收回天津和汉口德奥两国的租界，停止支付《辛丑条约》给德奥的赔款（总数高达九千多万两白银）；二、协约国成员的《辛丑条约》赔款，暂缓五年偿还，不要利息；三、英法与清朝签订的《南京条约》规定关税税率，允许上调；四、中国可在天津周围二十里内暂时驻军，以防范德奥侨民。这时候是段祺瑞以国务总理的身份执政了，欧洲的战局也渐趋明朗，他决定参战。中华民国遂于1917年8月14日对德奥宣战，但是也没派兵，前后大约招募了十数万华工奔赴法国，从事挖战壕、伤员救助等辅助工作。这些华工主要来自直隶、山东和江苏，有三万多华工死于欧洲战场，再也没能回到家乡。

日本深知中国参战对于山东问题的意义，因此强烈反对。于是，英法俄意分别与日本签订密约，约定在战后和会上，四国将会同意把青岛主权、胶济铁路、山东采矿权全部转让给日本，以此换取了日本同意中国参战。

1918年11月,一战结束,德奥战败。虽然民国政府获得了不菲的战争红利,但在巴黎和会上因为山东权益问题与英法等国发生了激烈争议,中国代表迫于国内压力拒绝在合约上签字。事实上顾维钧等人在外交上并非没有作为,在巴黎和会上废除了对德奥的庚子赔款后,又陆续通过与德奥单独签订条约,收回了德奥在中国的领事裁判权和租界,并且确定德国以现金和替代偿还债务的形式,共计赔偿了八千四百多万元的战争赔款。这是1840年以来,中国首次在对列强的战争中获得赔偿。

1919年1月18日,巴黎和会召开。会前,日本提出中国参战就是"打酱油的",并对中国的参会资格提出质疑。好在有美国支持,中国得以参加。2月25日,在济南,几千人聚集在山东议会大楼前召开了一次公众大会,敦促将青岛和胶济铁路归还中国。

山东议会早期的议员大多是参与了辛亥革命的革命党,很多是同盟会成员,多有留学日本的经历。在第一届省议会的时候,国民党、进步党曾各自成立组织。进步党的"议员公寓"在金菊巷,国民党的"议员俱乐部"在县东巷。此时的山东议会已是第二届了,但是主导性人物仍不脱革命党的背景。革命党与北洋系本就不是一路人,议会力求代议制政府,不大听北洋政府招呼,与北洋政府所派督军、省长不太配合,此前抗拒过张怀芝,此时张树元任山东督军,张树元也曾试图将议会变成自己的工具,以免在用人、行政、财政、外交等方面处处受到掣肘。然而,议会仍不买账。张树元曾气得大骂:"'鸟笼子'里没好人。"其实张树元算是晚清以来最好的一任山东督军了,后来因为同情山东父老,对济南的反日活动镇压不力而被免职。

4月,巴黎和会正激烈争论的时候,山东议会给巴黎和会"四巨头"(英国首相劳合·乔治、意大利总理奥兰多、法国总理克里孟梭、美国总统威尔逊)发电报,电报中说:自从日本人占领青岛并接收德国的所有权利,我们国家就提出反对,我们并不承认日本所继承德国的权利。

4月20日,数万人在济南集会,抗议日本的要求。

4月30日,凡尔赛会议宣布德国在山东的权利将转交日本,5月2日,据《山东省志资料》载,约有三千人在济南示威,

图5 山东省议会大楼(晚清"咨政会议堂",民间称为"鸟笼子"),建于1908年。

要求将青岛归还中国。

这期间，巴黎和会的消息渐次在全国各地发酵。

5月4日，北京学生游行，爆发五四运动。次日，济南再次爆发示威活动，5月7日，一千多人在山东省议会大楼前空地集会，举行抗议活动。

与北京的五四运动有所不同的是，北京的示威活动以学生为主体，而在济南则是商人、市民、工人、学生共同参与的，其中也包括省议会议员。

随后济南商家、市民和学生开展了抵制日货的运动。

日本执意要求青岛和胶济铁路的权益，主要依据是它手里握着的一份协定。这事就涉及了"西原借款"。

袁世凯对日本一直比较警惕，关系若即若离，日本大隈内阁曾以强硬态度向袁世凯提出《中日民四条约》，即"二十一条"，有一举鲸吞中国之意图，袁世凯自然不能答应。袁世凯处事狡猾，一拖再拖，就是不签，暗中将条约内容透露给媒体，激起国民的强烈反对，亦引发欧洲列强对日本的挤压。1916年6月袁世凯死，日本对华强硬派的大隈重信亦于10月辞职，继任首相寺内正毅鉴于前任之失败，改变了策略，采用了更为柔软的方式，即所谓"菊分根"政策，像菊花分根移植一样，将资本输入中国，大量借款给穷到发不出薪水的段祺瑞政府，以获取在中国的种种特权。段祺瑞政府是真穷，鲁迅日记里就记过教育部欠薪的情况，教育部职员为讨薪还闹过事。段祺瑞接手民国政府的时候，财政基本已经崩溃了。

一战起，西方诸国自顾不暇，中国和日本的工商业都获得了一个喘息的机会，中国的民族工商业在这个时期是一个大发展的时期;日本也借此机会增加了商品输出。其实日本这个时期虽然是有点钱了,但也还挺穷,1918年日本还发生过著名的"米骚动",米价大幅上涨带来了社会动荡,波及日本四分之三的地区,参加人数上千万。为了资本积累日本当时也是无所不用其极,日本电影《望乡》中,阿崎婆被卖到南洋卖春,赚取外汇,大致就发生在这个时间段。

西原借款系由1917、1918年签署的八个独立的借款协议组成,总额一亿四千五百万日元,当时的日元币值不像今天这么低,大约一块中国银元接近一日元五角,这样算下来也是一笔巨款。其中第六笔借款直接涉及山东,名义是建设高密至徐州、济南至顺德(今河北邢台)的铁路。签订借款合同的前四天,日本外务大臣照会中国驻日公使章宗祥,要求中国同意日本驻兵济南、青岛,同意在经营和管理胶济铁路方面日本享有种种特权。实际上是以此作为高徐、济顺铁路借款的条件。段祺瑞政府为了取得借款,竟接受了日本的要求。同日,章宗祥在复照中,把日方照会所提要求照抄后,明确表示:"中国政府对于日本政府上列之提议,欣然同意。"而这些情况当然不会对外公布,民众是不知情的。

1919年巴黎和会上,日本便以此为依据,拒不退还山东权益。

但1918年10月,段祺瑞和寺内政府都下台了。所以当1919年巴黎和会上日本重提山东权益时,山东议会坚持认为章宗祥的外交照会从未获得过国会的批准,因此不具备法律效力。

日本对胶济铁路不肯放手,实在是这里面利益很大。日本接收胶济铁路后,最初由日军经营,不久改由日本铁道院管辖,日本也全面接收了德国的产业，包括煤矿开采。

图6、图7基本可以反映出当时日本势力在济南迅速扩张的情况。

图7这所医院此前是德国人因胶济铁路需要，由德国天主教会开设的，日本接收后，更名为"青岛守备军民政部铁道部济南医院"，1917年开始建设照片中的这座建筑，并于当年年底落成，1918年开始面向市民服务，有一百个床位，算得上济南当时最大的现代医院。据资料显示，1922年时，日门诊量六百五十人次。1925年改由日本同仁会管理，更名为"同仁会济南医院"。同仁会原为日本医学界人士成立的民间医学团体，

图6 日本驻济南总领事馆，落成于1918年。

图7 日本在济南建立的医院,落成于1917年11月。

最初以普及先进的医学知识为目的,后为日本政府所用,成为半官方、半民间的机构。到1937年时,此医院占地面积为十万平方米,有"日本在华第一文化事业"之称。此建筑现在仍在使用,即今日山东省立医院的"仁和楼"。

商埠区内出现了日本人开办的各式商业和服务业设施,在那几年中,日本人的涌入是商埠区急剧发展的主要原因。后来被授予"鲁菜大师"称号的佐藤孟江,她父亲就是这个时期来中国经商的日本商人,佐藤孟江1925年出生在济南,20世纪七八十年代,她在东京办过一家"济南宾馆",专做鲁菜,生意火爆。

商埠的街市与老城区内的街市一看就不一样,老城街市虽然也热闹,但是陈旧而狭窄。济南建新城这件事挺有创意,新城旧城各不相扰,各有自己的商会组织,但是不敌对,各做各的生意,有些有实力的商家还在老城和商埠同时开店,各依其法。

1918年,驻青岛的日本民政署长秋山雅之介开始鼓励开设面向中国市场的轻工业企业,最初是在青岛开设了纱厂、火柴厂,后来逐渐蔓延至济南。济南的民族工业也开始发力投资办厂,1913年至1923年十年间济南开办有十家面粉厂,其中有五家就是1920年开办的。照片所反映的20年代初,胶济铁路运营总收入已是1913年德国人管理下的两倍,实际上还不止于

图8　济南商埠街景

此，因为日本政府的货运以及博山煤矿的煤炭都是免费运输的，不在营收统计之内。另外，胶济铁路还是逃避贸易厘金的途径。日本对中国矿产品、农副产品，乃至工业品的需求还是很大。通过津浦铁路运送货物，要在几个关口缴纳厘金，但日本商人将济南作为贸易中心，就可以依靠中国贸易商把货物运到济南，通过胶济铁路运往青岛，则无需缴纳中国常关关税。

日本横滨正金银行发行的银圆券，在胶济铁路沿线可以自由流通，横滨正金银行也成为胶济铁路货运的结算银行。

到1919年，日本人与中国官僚和大商人组建合资公司的情况变得非常普遍，这中间也包括开矿。为了供应九州八幡制

图9　济南老城街景

铁所，日本铁道院开始开采淄博金岭镇的铁矿。

五四运动和济南市民的一系列反日活动，对当时的局势还是起到了作用，中国代表拒绝在和约上签字，也是有国际影响的。此时日本的政局也发生了一些变化，首相和内阁都换人了，对华政策随之发生了一些改变。日本参加和会的代表团发表声明，声称将在某个合适的时间将胶州湾租借地归还中国，美国总统威尔逊也积极斡旋，从中调停。1919年8月，威尔逊和日本外务大臣透露了一个非正式协定，日本将把胶州湾和胶济铁路归还给中国，但仍将接收德国之前所获得的其他经济利益。当时中国人普遍将威尔逊视为中国人民的朋友。在那个信奉丛林法则的时代，西方列强信奉"强权即公理"、崇尚武力解决问题，威尔逊确实持有不同的政治理念。他认为：第一，人性可以改造；第二，战争可以避免；第三，利益可以调和；第四，建立国际组织，保卫世界和平。1919年的诺贝尔和平奖就颁发给了他。1962年，美国历史学家对三十一位美国总统进行投票，威尔逊高居前四。不少美国人认为：威尔逊是使美国取得重大进步的具有远见卓识的伟人，足以与林肯比肩。

我们在照片中看到的是一个安静的济南，大明湖畔、荷塘和稻田，风光旖旎，商埠的街市上各色人等神情悠然。而实际上济南此时暗潮涌动。1920年，就是这本画册出版的这年，日本原敬政府提出要与中国政府就山东问题进行谈判，但是遭到了中国舆论界的普遍反对。4月，上海、济南都举行了示威活动，济南的示威活动声称，除非推迟谈判，不然就要组织学生罢课，再次开展抵制日货的行动并拒绝缴税。北洋政府迫于压力只好作罢。1921年日本重提谈判，但人们普遍认为当国者过于亲日，

图 10 大明湖

不会有好结果,山东籍的国务总理靳云鹏也只好拒绝。但是到了年底,舆情对于即将召开的华盛顿裁军会议将山东问题作为会议一部分进行讨论,却表示了认可。临近谈判日,济南再次发生了示威活动,以对谈判施加压力。

华盛顿会议就三个重要问题达成协议:一、胶澳租借地归还中国;二、胶济铁路由中国赎回;三、对德国在坊子、淄川、金岭镇所有矿产的处置。

会谈之初,日本同意放弃对包括青岛在内整个胶澳租借地的行政控制,同意无条件移交德国人留在青岛的一切设施,但

图11 大明湖画舫

对日本政府投资予以改善的那部分设施，日本坚持要中国作价赎回。

铁路问题最为棘手。中国人原希望赎回铁路，但无论是政府还是民间，都很难筹到足够的资金。经过数轮谈判，1922年12月，中日在北京签署了一大批条约，中国最终以十五年期的四千万日元的中国国债赎回胶济铁路，利率百分之六，这笔国债以胶济铁路的收入做担保，日本保留了车务长和会计长各一个职务。

看上去，胶济铁路的事至此可以做个了结，但事实上却非如此。

由胶济铁路收入所做的这个担保，后来又引发了一个重大事件，当北伐军1928年打到济南的时候，冲突又一次爆发，发生了济南五三惨案。济南事件最严重的后果并不是这场战事本身，而是日本军队开创了不经政府批准就擅自开战的先例，此后的九一八事变、七七事变，皆从其例。

（图片由云志艺术馆提供）

光社百年忆外公

——外公镜头里的老北京

文 娟　田卫平

外公姓王，名季点，号琴希，1879年出生，1966年病逝于北京。他是化学家，曾任教京师大学堂（北京大学前身）；是企业家，创办过火柴、饮料、酿酒等多家公司；还是中国早期摄影家，是中国第一个摄影家团体"北京光社"的第一批重要成员。他在一百年前用镜头为国人留下了老北京的珍贵影像。今年是光社百年诞辰，在此回顾外公独特的人生经历和摄影生涯，以示纪念。

姑苏才子北京客

外公一生简朴，常穿一身布料长衫，新中国成立后依然故我，直至20世纪60年代。图1这张仅有的西服照，是他20世纪30年代初为马珏当婚礼介绍人时拍的。马珏是北京大学教授马裕藻的女儿，因父亲关系与鲁迅成忘年交，《鲁迅日记》《两地书》中有多处记载。外公留学日本时与马裕藻相识，是多年老友。新郎叫杨观保，他的侄子后来就是北大英语系著名教授杨周翰。杨观保父亲是外公的苏州同乡，两家曾在北京合买了

图1 外公着西服照片

一所前后两进的四合院,外公居前院,杨家住后院。杨母认我母亲为干女儿,我母亲因此称杨观保、马珏夫妇为四哥、四嫂。母亲说,马珏的大哥与杨观保是同学,马杨二人由此相识多年,是自由恋爱结婚。但按当时习俗,认为由长辈介绍的婚姻更显庄重,于是马裕藻特别邀请与马杨两家都熟识的外公当马珏婚礼上的介绍人。外公为此特意置办了一身西式礼服,还专门拍照留念,母亲说这是外公唯一的西装照。

外公出身苏州世家。十四世祖是明代宰相王鏊。父亲王颂蔚是清光绪年间进士,蔡元培的恩师,晚清著名学者,曾任户部主事、军机处章京。母亲王谢长达创办了苏州著名的振华女校,该校现为省重点中学苏州十中。振华女校培养出来众多人才,其中包括杨绛、费孝通等著名作家、学者。20世纪50年代初,外公参加社会活动，受到周恩来总理接见，谈话中周总理还特别提到知晓外公的母亲王谢长达的事迹。

外公自幼热爱化学，小时曾刮墙皮取硝不慎烧坏衣服。1900年考取官费留学日本，毕业于日本东京高等工业学校（东京工业大学前身）应用化学专业。1900年12月，外公在国人自办的第一份自然科学期刊《亚泉杂志》发表了译文《昨年化学界》，及时向国人介绍了居里夫人发现钋和镭，精确报道了它们的性质和特点，是这两种放射性元素在中国的最早报道。外公回国后，1906年参加归国留学生考试后被赐举人身份（考试成绩分进士、举人、拔贡三等），被分配至京师大学堂任格致科提调（相当于今天大学下属理学院院长）。

外公喜欢北方干燥不潮湿阴冷的天气，此后就一直生活在北京。民国后，他先后任农工商部主事、度量衡局委员、北平工业试验所技正（即工程师）兼代所长等职，是中华化学工业会发起人之一，同时也曾在北京大学兼课。为实现"实业救国"的理想，外公后来辞去公职，在北京、天津、安东（今丹东）等地先后创办过火柴、饮料、酿酒等公司。在战乱年代，不断历经盈利与亏损的循环，艰难发展。全面抗战期间外公困居北平，坚决拒绝与日伪合作，并叮嘱两个女儿择偶时绝不可选择与日伪有往来的人。抗战胜利后，国民政府推行金圆券，让外公资产大幅缩水，至新中国成立前夕除其他一些资产外，尚在北京城里拥有上百处房产。新中国成立后，1956年社会主义工商业改造，外公参加了公私合营，仅留一处四合院自住，到60年代中期该院子也被收归公有。21世纪初，政府开始提倡鼓励私人买房，母亲一再说："我爸爸那么多房子都没了，我才不买呢！"

外公几十年来只老实本分地做生意,政治历史清白,尽管他仅为交通银行的普通股东,却被政府聘为交通银行私方监察,直至去世。外公一生节俭,衣着朴素,饮食简单,不烟不酒,不喜应酬。晚年钟情词学,加入秭园诗社,诗作收入《秭园吟集甲稿》(1955年),又有词学著作两种问世:《宋词上去声字与剧曲关系及四声考证》,收录于中华书局1963年出版的《文史》第2辑;《词学规范撷要》一书自印后分送亲友,得到著名语言学家陆志韦、丁声树等先生好评。今日网上仍流传着外公的词作《八声甘州·题东海劳歌》。外公晚年常独自乘公交车赴香山、八大处游览,这首词应是游览后有感而发的登临之作。词后自注"时年八十又三",应写于1962年。全词如下:

> 爱登临、送目畅襟怀,浪游遍西山。
> 纵华巅携杖,西湖放棹,劳顶难攀。
> 客梦疑临九水,潮响靛缸湾。
> 松竹流泉外,瀑间林峦。
>
> 上下清宫小憩,见长春羽士,题咏屏颜。
> 更留仙香玉,谈笑耐冬边。
> 陟高峰、欣观海景,忽怒潮、冲到破酣眠。
> 揩双眼,对孤灯畔,梦影空残。

一生最爱是摄影

摄影是外公一生最大的业余爱好。小时候听母亲说过,他是北京光社成员,成年后从有关论著也看到他当年参加光社活动的记述。

"1919年，北京大学的摄影爱好者，由黄振玉（黄坚）和陈万里倡议，在校内举办了第一次摄影作品展览。以后每年举办一次展览，到1923年冬，大家觉得有发起组织一个团体的必要，于是由陈万里、吴郁周、吴辑熙等在一起商议，订立简章、征收会费、订阅摄影书报，正式成立摄影组织，定名为艺术写真研究会，这就是我国第一个摄影艺术团体——光社的前身。当时会员只有黄振玉、陈万里、钱景华、吴郁周、汪孟舒、王琴希、吴辑熙等七八人。……会员都是在北京大学任职的……后来，由于多数人觉得这个会名太长，于是决定改名光社，对外称北京光社。"（马运增、陈申、胡志川、钱章表、彭永祥编著：《中国摄影史1840—1937》，中国摄影出版社1987年版）书中的"王琴希"就是外公，他是光社最早的几名成员之一。

《光社纪事：中国摄影史述实》把外公作为光社重要成员，多次提及："据汪孟舒《北京光社小记》认为，光社的缘起应追溯到民国七年（1918）前后，在北京学界中有干茧庐、张子静、徐燕庭及钱景华、王琴希、吴郁周、汪孟舒几人，他们一起互相交流技艺，利用业余时间，结伴到北京城内外的园林名胜拍照，因此有了组织一个'照相同志会'的想法。"还说"在北京大学师生中，吴匡时、俞同奎、王季烈、王季点精于照相是出名的"。（陈申：《光社纪事：中国摄影史述实》，中国民族摄影艺术出版社2017年版）文中"王季烈、王季点"即外公的大哥和外公。

外公大哥王季烈是光绪甲辰（1904）科进士，曾官学部郎中，是著名国学家、曲学家；还是科学著作翻译家，主持编译了中国第一部以《物理学》命名的具有大学水平的教科书，编著了中国第一本中学《物理》课本，首创将"格致"改为中国古已

图2 北京光社影展部分社员合影。前排左三王琴希,右二为刘半农。

有之且日本已用的词语——"物理",自此沿用至今。从文章内容来看,外公兄弟二人同时参加了光社的摄影活动。

光社多次在中山公园举办摄影作品展览会,很受欢迎,每次参观者均达万余人,而当时京城常住人口数量才不到一百八十万。《光社纪事:中国摄影史述实》上有张光社成员的合影(图2),注明是1927年10月8日第四次北京光社影展部分社员合影。其中外公穿浅色长衫,位置在前排居中,跟左侧同居前排的刘半农隔了一个人。或许因外公是京师大学堂的前辈,被合影者们尊让居于中心位。

"1927至1928年是光社的全盛时期,由于南京政府的成立和南北统一,光社的一些主要活动分子如陈万里、黄振玉等南下宁沪,留在北京的部分社员也忙于'正业',无暇兼顾'业余',社务活动逐渐减少直至停顿。"(《中国摄影史1840—1937》)

光社前后大约活跃了十年，30年代中期随着时局日艰而渐沉寂，至1937年全面抗战爆发后自动消散。北京光社作为首个摄影团体，极大推动了我国摄影艺术的发展。光社时期尤其是光社全盛时期，大概是外公摄影的高峰时期。

光社先后出版过两集《北京光社年鉴》，这是中国最早的摄影年鉴，其中收录了外公多幅摄影作品和摄影技术论文。出版于1928年的第1集《北京光社年鉴》（1927年作品），目录中他排名第一，共有四幅作品被收录：《桃园春夜》《横行一世》《胃枝求食》《举网》。

夜景拍摄非常不易，加之九十多年前的摄影器材十分简陋，不能自动对焦，没有感光自动平衡，更不能后期修图处理，全

图3 《北京光社年鉴》里的《桃园春夜》。

图4 《罥枝求食》

凭个人的经验,手动调节光圈、聚焦,自我设定曝光时间等,特别考验摄影者的技术水平。《桃园春夜》中光源从左侧照进小院,主题桃树的影子被斜印在窗户上,反衬出黑夜的深沉。夜色中的景物拍摄得非常清晰,且富诗情画意:月光如水,朗照小院;一树桃花,灼灼其华,于墨色的夜幕下热烈燃烧,暖暖的春意扑面而来。这幅作品表现出了外公深厚的摄影功力。

《罥枝求食》原作一直藏在家中,动乱时期经抄家后,照片边缘及硬纸板衬纸损毁严重。上初中时的笔者年幼无知,认为破损处有碍观瞻,便把照片边缘裁剪掉了,如今我们能够见到的就是图4这个样子。当年的无知和鲁莽,简直暴殄了天物,如今追悔莫及。

罥,既指捕鸟兽的网,又指缠绕、悬挂。《罥枝求食》中的"罥",主要是第二种用法,又隐含了第一种意思,外公用这个标题表示蜘蛛在树枝上结网以捕食猎物。照片中阳光下的蛛网晶莹剔透,根根细丝清晰光亮,非常漂亮。作品将蛛网周围草木虚化,突出了画面中心的蜘蛛,鲜明而唯美地表现出蜘蛛"罥枝求食"的自然现象。

外公不仅创作了大量摄影佳作,还对摄影技术进行过深入研究并有学术论文问世。出版于1929年的《北京光社年鉴》第2集(1928年作品)刊登了两篇讨论摄影技术的长篇论文,一篇是刘半农的《没光棚的人像摄影(半农谈影之余)》,另一篇是社员王琴希的《摄影用干片速度之变迁及其与显影液关系之研究》。外公这篇文章"后来由商务印书馆单独出版"(《光社纪事:中国摄影史述实》),成为中国摄影技术研究的奠基作之一。

外公照片都是自摄自洗自印,家里有十几台相机及相片洗印设备。1966年5月,外公去世,遗物中有许多老照片,尤其是许多已成像的玻璃底片。玻璃底片是胶片出现以前的摄影材料。不久"文化大革命"开始,红卫兵"破四旧"抄家,照片、摄影器材等多数被毁被抄。只有那些玻璃底片放在木箱里,遗弃在屋檐之下,任凭风吹日晒雨淋,底片黏连成坨,最后只好扔掉。当时家人朝不夕保,惶惶不可终日,那还顾得上这些?今日想起,扼腕叹息!

留得光影在人间

20世纪70年代末,我在整理家中旧物时,发现了少量外公的摄影作品。从照片中的景物及服饰判断,应该主要是20世纪20年代,即光社最活跃时期所摄。这些残存作品多表现老北

京的风光与生活,大致可分四类:

一、老北京城墙风貌

老北京城墙始建于明代永乐年间,在清代及民国后一直沿用,至20世纪60年代初仍大体保留。60年代末70年代初,经历了挖城砖盖防空洞和修建地铁二号线,北京古老的城墙才不复存在。

图5(见中插)画面是伟岸的箭楼、瓮城城墙、城外护城河以及河上的渡船,看画面右侧远处的水塔,可以确定这是北京东直门。据北京自来水集团有限公司资料介绍:1908年4月,清政府成立了"京师自来水股份有限公司",开始筹建京城第

图7　夏日的护城河

一座水厂——东直门水厂。1910年1月，水厂工程全部完工，同年3月正式投入生产。东直门水厂水塔是京城首座自来水水塔，由德国设计师设计，塔高54米、容积750立方米。该建筑属钢结构水塔，塔身下面有一个非常坚固的粉红色花岗石高台，可惜1957年被拆除了。

图6（见中插）是某处城墙外护城河的风景。护城河沿着绵延的城墙伸向远方，河对岸停泊渡船处有行人、绿树和村庄，河上有人在用罾网捕鱼，河边有卖花者捞河水给花"美容"，构成一幅鲜活的生活画卷。外公的风光照在构图上似借鉴了中国山水画，喜欢用人物点缀在风景之间，画面生动好看，又有

图8　冬日的箭楼和瓮城

人文气息。

图7中的夏季护城河波光旖旎，白鸭成群，河边有光屁股的小孩，河里有正捞鸭子的放鸭人，对岸有一身着白衫的疾行的路人，远处耸立着巍峨的城楼……整幅作品动静结合，音画交响，生机盎然。

图8完整记录了由箭楼、瓮城和城门楼构成的北京城门建筑形制。目前只有前门为便利交通拆除了瓮城，仍保留了箭楼和城门楼。拍摄时逢冬季，护城河几近干涸且结冰，与夏日对比又是另一番景象。

二、老北京公园风景

下面照片里的这些北京公园，是今天游人来京观光必要"打卡"的地方，公园里楼台亭阁伫立依旧，但百年之前却是另一种苍凉意境。

图9（见中插）是北海公园的标志性建筑永安桥和琼华岛白塔。北海在辽金元时期是皇家离宫，明清两代为帝王御苑，1925年开放为公园。北海公园因为长期没有精心修缮管理，湖边的土堤岸没有围栏，杂草繁茂疯长，颇有些狂野气息。现在，北海湖边已有条石砌成的规整堤岸与汉白玉围栏，而白塔边的旗杆也已不复存在。

图10是在颐和园昆明湖东岸远望万寿山及佛香阁。颐和园位于北京西北郊，原名清漪园，是乾隆皇帝为其母祝寿而修的皇家园林。该园曾被英法联军焚毁，后得到重修，并于1888年更名为"颐和园"，1928年正式辟为公园开放，外公照片可能就摄制于这一年。从照片可见，当年颐和园昆明湖东岸，野草丛生，乱石嶙峋，渔人垂钓，野趣横生，与今天的景象完全不同。

玉泉山位于颐和园西侧，辽金以来历代帝王都在山上修建行宫消夏避暑，山顶精致的宝塔是京西著名的地标建筑。玉泉山泉水清澈充沛，千年来灌溉着山脚肥沃的土地，自康乾以来这里成为京西稻的重要产地。图11（见中插）中的风景应该是在玉泉山南麓拍摄。画面中湖边散落着横七竖八的大石块，大片的湖水一直延伸至玉泉山脚下，远处古木稀疏，山巅上耸立着高高的宝塔。照片左侧近处是一肩扛铁锹的农夫，从他的衣着看应是冬季，他身后不远处矗立着一座残破的石头牌坊。这些形象叠加融会出一种苍凉意境，而玉泉山京郊农村特有的风味也随之跃然纸上。如今此地已是设施完善、风景优美的北坞公园，只是那座石头牌坊不见了踪影。

图12是明十三陵神路。明十三陵是明朝迁都北京后的皇

图10　颐和园

图12　明十三陵神路

帝陵寝，通往陵寝的道路叫神路。通过外公的镜头，我们知道了神路曾经乱石满地，如此荒凉。20世纪五六十年代，神路修成了柏油路，各种车辆川流不息。再后来十三陵申报世界文化遗产，神路禁止车辆行驶，周围广植草木，成为游览景区，游人需购票参观。

三、政治变迁中的紫禁城

紫禁城是明清皇家宫殿。辛亥革命后，紫禁城被一分为二，以乾清门广场为界，前朝三大殿（太和殿、中和殿、保和殿）和文华、武英等殿宇归民国政府所有；内廷部分的后三宫和东西六宫等处为逊帝溥仪留用。后政府接受建议将收归国有的部分改建为博物馆。1914年古物陈列所在紫禁城中成立，对外开放参观。1924年溥仪被逐出紫禁城，第二年故宫博物院成立。"为庆祝博物院的成立，将已定为一元的参观门票减为五角，优待参观两天，开放御花园、后三宫、西六宫、养心殿、寿安宫、文渊阁、乐寿堂等处，增辟古物、图书、文献等陈列室任人参观。"（傅连仲：《古物陈列所与故宫博物院》，《中国文化遗产》

2005年第4期）外公的一系列紫禁城的照片，大概是故宫博物院成立时前去参观所摄。

天安门原是紫禁城的大门，是封建皇权的象征。新中国成立后，天安门成为国家的象征，并被国徽采用。这幅外公摄于20世纪20年代的天安门（图13），记录了推翻帝制约十年后该建筑的残败景象。

图13中的天安门城楼，金黄色琉璃瓦楼顶污秽不堪，彩绘斗拱和朱红立柱色泽暗淡，城墙立面红漆斑驳。华表旁耸立着树木的地方，是现在国庆观礼台的位置。城楼前有条宽阔的汉白玉甬道横穿长安街，金水桥头有个低矮的岗亭和一根孤零零的细高路灯杆。

图14是北洋时期的紫禁城太和门前，五色旗高悬，三三两两的军人走来走去，像是正在举行什么活动。

太和殿是紫禁城正殿，在明清时期是皇帝举行登基大典等

图13　20世纪20年代的天安门

重大国事的地方。图15太和殿正中高悬两面北洋时期的国旗五色旗，殿前广场空旷静寂，仅见一成人牵着一孩童走过。

图16是紫禁城内某宫殿，内部被布置成了西式会客厅，摆了沙发、痰盂和绿植。

图17中的中南海新华门大约拍摄于1928年。袁世凯当上中华民国大总统后，将中南海作为总统府，把中南海的宝月楼改建成出入的正门，并更名为新华门。此后中南海又先后被用作北洋政府的总统和总理办公地以及张作霖的帅府。1928年国民党军队开始二次北伐，6月进入北京，国民政府改北京为北平，划为特别市。北京城从此结束了北洋政府统治的历史，也结束了作为中华民国首都的历史，国旗也由北洋政府的红黄蓝白黑五色旗

图14　紫禁城太和门

图 11 玉泉山远眺

图9 北海公园

图 6 护城河风光

图 5 东直门箭楼、瓮城及护城河。

图15　紫禁城太和殿

图16　被重新布置的宫殿内景

图17 中南海新华门前

改为国民政府的青天白日满地红旗。图17记录了当时北平百姓好奇地趴在墙栏上,观看悬挂在新华门上的新旗帜。左侧是青天白日满地红旗,右侧为武昌起义的铁血十八星旗。1929年,中南海作为公园向公众开放,新华门前的这堵墙也被拆除。

四、老北京居家生活场景

这一部分虽然只是自家妻儿平淡活动的留影,却可从中窥见当年老北京市井生活的一角。根据母亲、姨妈、舅舅的年龄推断,拍摄时间应不晚于1927年。

图18摄于外公购置于北京宣武门外上斜街的小院,时间是1916年,外婆抱着未满周岁的我母亲。外婆白衫黑裙,裙脚露出一只鞋尖和一角白袜,手中抱着一身白衣的母亲,画面色彩搭配和谐而又灵动变化,人物造型生动美观。

母亲说过,这是她年满周岁的时候,外公为她和外婆拍下

图18 外婆与未满周岁的母亲

的纪念照。照片中的外婆温婉俏丽，母亲活泼可爱。母亲生于1915年11月，从照片中可以看到当时流行的服饰及家具样式。

图19吃西瓜的是母亲与二姨（生于1919年）。母亲中立，二姨右侧略低，左侧半个插着小瓷勺的西瓜，三者形成稳定的三角构图。窗外阳光从左侧照进屋里构成侧光，使照片形象明暗分明，形状清晰，层次丰富。虽只是日常生活小景，却见外公精湛的摄影技巧。

以前北京的四合院里都有宽敞的庭院供孩子们玩耍，供大人们夏日乘凉。外公在这儿摄取了幼年的舅舅仿佛大人般在品

图19 夏日吃瓜解暑

图20 品茶的舅舅（生于1924年）

图21 放炮仗的二姨

茗（图20），性格活泼开朗的二姨放炮仗（图21）、吹泡泡（见封三）等有趣瞬间。

外公的这些照片真实生动，让今天的人们可以直观地了解到一百年前北京人的生活情状。

小时候，年幼无知，只把外公看作过时的老派人物。今日回顾他老人家当年遗迹，方才领悟他当年也曾是新青年，是新文化运动中的一分子。他办实业，搞摄影，可以说是代表了当时先进的生产力和先进的文化。一百年前，外公用手中的相机忠实记录了老北京的风貌民情，创作了独具中国审美趣味与浓厚人文气质的摄影作品，他的光影佳构将会永驻人间！

父亲的"路条"及其他

吴玉仑

父亲去世以后的很长一段时间里,我们都没有动手整理他的东西,最近才开始慢慢翻检老人留下的遗物。父亲在世时,都是他自己归置自己的东西,我们做儿女的都不知道他那满满当当的一屋子里装的都是些什么。当把大部分图书、报刊、日常用品等物件清理完毕后,我们才开始慢慢地接触到他早年参加工作期间留下的一些文件,包括各种文书、表格、照片,十分繁杂。

某天,我偶然间看到一件已经发黄的信封,端端正正印着南开大学的字样。抽出里面一个叠成几折、已经发脆发黄的纸张,小心翼翼地铺开一瞧,像是一件公文,扫过几眼之后,那些繁体字顿时让我一激灵,马上来了精神。

信笺最上面是一行铅印红字"国立南开大学用笺"(图1),正文的小字写的什么还没看清,校长张伯苓的钤印便已撞入眼中。看落款,是民国三十六年,也就是1947年,按年头算已将近八十年了,信笺上面的字迹稍有磨损,但仔细辨认,仍然清晰可见。

本校文学院助教吴廷相先生,兹有配发食物之面粉两

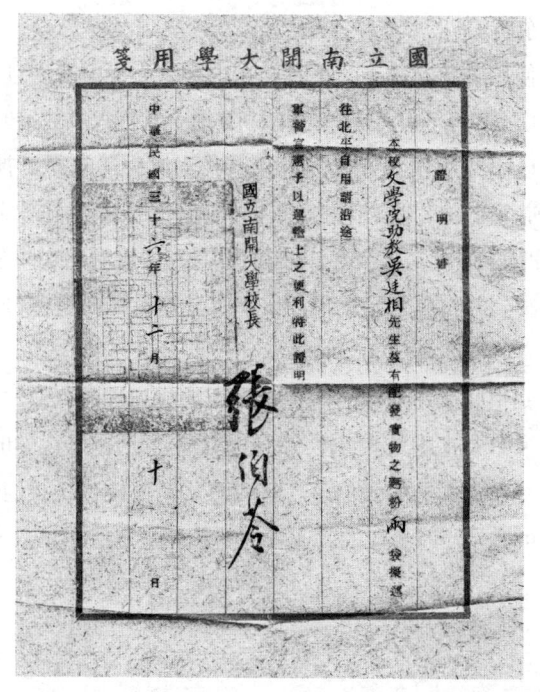

图1 1947年12月,南开大学校长张伯苓为我父亲开具的"路条"。

袋,拟运往北平自用。请沿途军警官宪予以运送上之便利。

特此证明。

国立南开大学校长张伯苓
中华民国三十六年十二月十日

公文上钤着篆体大红印章国立南开大学关启。

愣了片刻我明白了,这是一张南开大学给教职员工发的"路条"。这物件引起了我们极大的兴趣,以前我们都不知道家里有这个东西。

像使用路条这种事,小时候在电影、小说中看到过,过关卡时给日本鬼子、伪军看。也有中共地下党进入解放区时出示,证明自己不是敌伪特务方能进入。我当时看还觉得挺神秘的。我只知道父亲在大学工作过一段时间,但什么时候、在什么地方、具体情况如何,父亲从没有详细和我说过。所以看到这些东西时,我一是感到新奇,二是觉得应该把家父这时期的这些材料梳理一下,应该是个很有意义的事。

不知道父亲毕业以后为什么去天津找到这份工作。起点还挺高,一上来就是大学助教,而且是著名学府南开大学的助教,校长便是鼎鼎大名的张伯苓。这些事父亲没说过,我们也不得而知,可能是当时天津的就业环境要比北平好些吧!

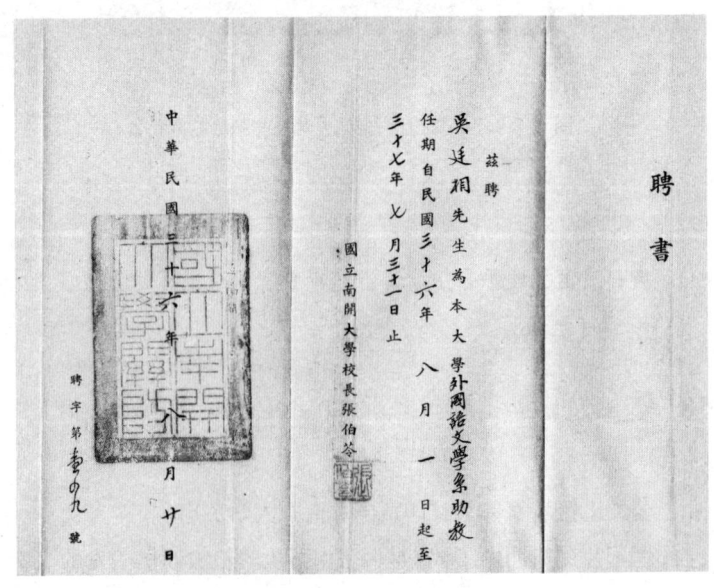

图2 1947年8月,父亲受聘为南开大学外语系助教,此为聘书。

父亲保存下来的南开大学的聘书（图2）及资格审查履历表（图3），从聘书的日期可以看到时间已然到了1947年8月，从辅仁毕业到南开就职这之间的两三年里，家父也找了几份临时工作，大概都是一年一聘的零工，这也是我在南开的资格审查履历表上看到的。

南开的聘书开张很大，我是第一次见到这样的聘书——

聘　书

兹聘

　　吴廷相先生为本大学外国语文学系助教，任期自民国三十六年八月一日起至三十七年七月三十一日止。

国立南开大学校长张伯苓
中华民国三十六年八月廿日
国立南开大学关启（大红印章）
聘字第壹四九号

这就是说，父亲于1947年8月开始了在南开大学的工作。另外一张是资格审查履历表，和现在我们的履历表差不多，前面说过父亲在去南开之前打过两份零工，我也是看了这个审查表后才知道的。

那么回到上面说到的关于面粉的"路条"。父亲做助教是有工资的，买基本的生活用品应该不成问题，不过大老远地买两袋面带回北平的家里，那也太费劲了。那么，这两袋面粉难道是工资之外的福利，就像我们现在过节时单位经常发的米面粮油那样？抑或是工资发放不足，给点食物补齐？这我不知道，也没地方去打听、去证实。

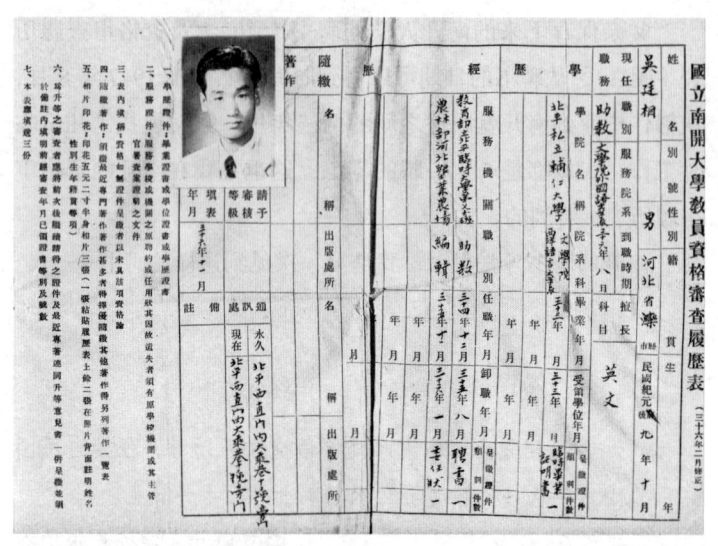

图3 1947年11月,父亲填写的《国立南开大学教员资格审查履历表》。

透过父亲接到的一份关于薪金标准的公文(图4),可以看出当时大学教师的待遇还是相当不错的。关于薪金的公文是这样的——

廷相先生大鉴:

兹聘台端为本校外国语文学系助教,每月薪金壹百陆拾元。

附上聘书、应聘书及条例各一份送请检政,并乞将应聘书签字盖章后,于八月三十一日前掷还为荷。

祗敬

教祺

张伯苓(钤印)启八月廿日

我查了查相关材料,当时政府机关一般职员的工资也就是十几元或几十元钱。我在网上还看到一份北京大学1948年的工资表,校长胡适八百元、教授六百元、讲师二百六十元,助教一百六十元。看来抗战胜利后返回原地同为西南联大三校之一的北大和南开的待遇是一样的,助教都是一百六十元。

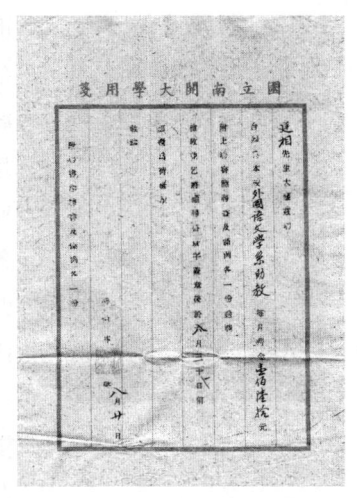

图4 1947年8月,父亲接到的校方关于其工资待遇的一纸公文。

这说明当时大学教师的待遇还是很好的。不光是大学教授,中学、小学教师的待遇也很好。至于待遇如何,除工资外,还要看从业人员的社会地位,综合比较下来,那时大学教师的社会地位比现在一般的公务员要高多了。

但纸面上的工资只是个数字,只有拿到手换成具体的什物,能养家糊口才是硬道理。

让我们回到家父执教的那个年代。1947年,抗日战争虽然已经胜利,但日本侵华多年致使我国经济千疮百孔,破坏惨重。本应是百废待兴之时,可内战又起。此时解放军已经解放东北大部地区,再过一年辽沈战役、平津战役都将相继打响。战局不可能不影响到学校,实际上到了1947年底,局势已然十分紧张了,通货膨胀日渐严重。在战争期间,粮食肯定属于重要的战略物资,并且还是民生的基本保证,所以对粮食的管理肯定

图5 父亲的遗物当中保留着一本《辅大年刊》(民国三十三年版)和他的毕业文凭。年刊类似现在的毕业纪念册,里面有父亲毕业时的照片,注明是辅仁大学文学院西语,那是1944年的年刊,他是那一年毕业的。

也是最严格的。这个我称之为"路条"的证明函,大概就是对当时局势的一个写照。发照日期为12月底,新年就要到了,虽战火遍地,家家户户总要过个年。"路条"当然不能明说,但意思很清楚,即受战争影响物价已经不像样了,这点粮食乃教师合法所得养家糊口之用,不是投机倒把、囤积居奇,望沿途军警宪特予以放行。看来,在那个战火连天的岁月,南开大学的证明书还是有点分量的。一纸文书映出了一个时代!

父亲还有一件东西更清楚地描绘了当时那种环境下人们的情绪。这是学生会发给老师的新年贺卡,权当是贺卡吧。上面是这样写的——

敬爱的师长:

民国三十六年,这个艰苦难挨的岁月,已经过去,这一年中,中国的人民,受尽了痛苦!我们师生也曾共同历尽了艰辛(身体精神上的压迫摧残、物质上的窘困),但我们低头忍耐着,您更坚毅屹立着。在这一年中,您教给我们更多更有用的知识,指示我们应该走的道路,更蒙您赐给我们无量的抚慰与热情,我们谨此向您致最大的敬意!

放眼在刚刚到来的新岁——民国三十七年，希望它将是一个黎明和平幸福安乐年！让我们都怀抱这样心情开始来迎候它！并盼望您更坚毅地提携领导我们度过它！祝您新年安乐健康！

南开大学全体同学敬贺，卅七年一月一日

情真意切，锥心刺骨。但希望是希望，现实是现实。

这张小卡片中虽是格式化的公文且经统一发送，但仍可看出当时局势之艰危，学子们焦虑之二三。我觉得这段文字还是挺感人的，点明了在当时战火纷飞的情况下，大学的日常运作仍在

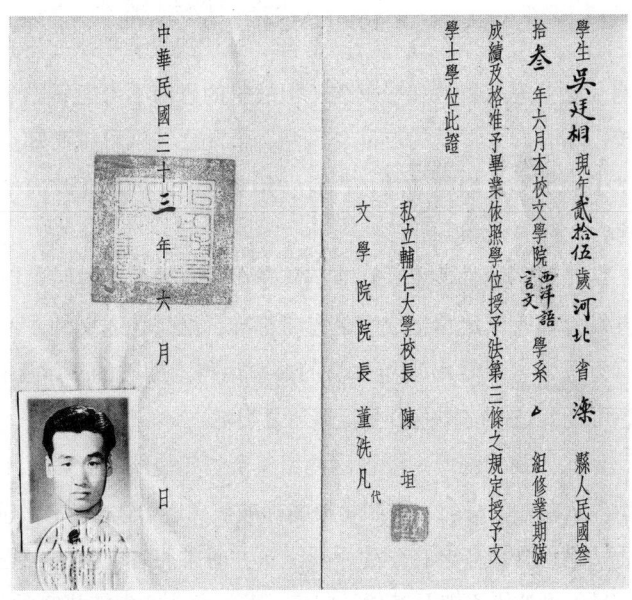

图6 1944年，父亲从辅仁大学西洋语言文学系毕业，这是他的毕业证书。

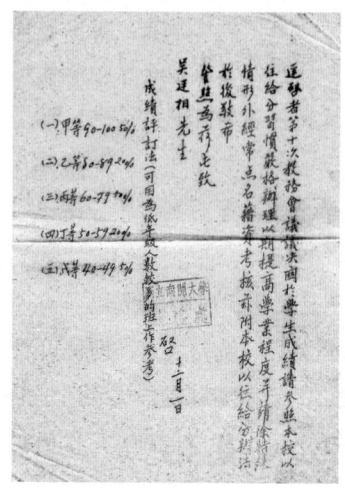

图7 校方下发的如何评定学生成绩的参考标准。

勉力维持,在十分困难的情况下教学工作还在正常进行,由此校方及学生们对坚守在第一线的教职员工表达了感激之情。

但学子们恐怕不会想到更困难的还在后面。不过三个月时间,1948年3月,国统区四大银行便发布了金圆券取代法币的法令。随着战事进展,炮火渐渐逼近关内,此时金融系统基本趋于崩溃。又过了半年,辽沈战役和平津战役先后打响。北平等地虽是和平解放,但战争的恐怖不可能不影响到学校,那时,大学里的混乱、慌乱、忙乱之气氛可想而知。当然学子们更不会想到的是,再有一年多的时间国民党政府便彻底垮台,新中国诞生了。

父亲留下的物件里,还有当年学生的花名册、成绩单以及校方发的如何评定学生成绩的参考标准,虽是普通文件,但都挺有意思,可以看出当年大学的办事风格。助教的日常工作,我想可能就是批改作业、登记造册之类吧。

至此,我的脑海中浮现出两组父亲当年俊朗的身影。年轻的助教趴在办公桌前,按照学校的标准认真地给学生批改作业,然后一笔一画地登录在学生手册上,并时常回答学生的一些疑问,只关乎外语不涉及其他。父亲一辈子都小心翼翼研究学问,从不过问政治。

另一组画面是年关将近,父亲费劲地提着两袋面,匆匆赶乘火车或公交回家,估计跟现在农民工年底时提着大包小包回家是一个意思。说实话我真不知道当时的一袋面有多重,有可能是五十斤吧,也不知道他是怎么一路回应军警宪特的盘查把那两袋面弄回家,以及家人见到面粉时的惊喜!

1949年以后父亲还是在教书,从我记事起就知道他在北京六十五中教外语。六十五中是个很特殊的学校,只有高中,没有初中,这在北京也是不多见的。父亲还保留着两本相册,都是学生高中毕业时留给老师的毕业感言。每一页上都有毕业生的照片和仔细地用白色的笔在黑色的相册上写下的几句话。虽然都是"感谢老师三年来的辛勤教导"之类的词语,但这么多学生在一本相册上一丝不苟地接续书写,的确可以看出当时师生之间的融洽关系。这些学生进入学校从高一直到毕业都是父

图8　父亲与母亲

亲在教他们，我也可以隐隐地感觉到学生们对父亲教学工作还是认可且满意的，父亲有几十年的教学生涯，真可谓桃李满天下了。父亲的专业是英文，但不知在辅仁上大学的时候是不是修过第二外语或是后来自学的，父亲在学校除了英文还教俄文，并且我也隐约记得父亲还会说一点法语和德语。"文革"时我家的《毛主席语录》就有好多种版本，除了英法德俄文版本，好像还有西班牙文、葡萄牙文、日文等版本。总之父亲是一个极爱学习的人，并且和大部分知识分子一样不太管家里的事，这也让我的母亲十分辛苦劳累。到了职业生涯的后期，父亲还

图9 1958年夏天，父亲（前排左五）带领学生到北京东直门外光明农业合作社参加劳动时，与当地社员合影。

图10 20世纪50年代,父亲与学生游览北京香山碧云寺。

经常参加英语的教学改革工作。父亲这一辈子都没有离开过教学岗位。写到这里,心里不觉感到隐隐作痛,父亲在世时我们很少交流,甚至说话都很少,很多事他没讲我们也不知道,多少事情都随风飘去,湮没于历史尘埃之中了。我总在重复一句

图 11　父亲（中坐者）在校园里与学生合影。

图 12　父亲（前排右三）与毕业班合影。

图13 毕业纪念册里的同学留言。

话,"没有人知道的事就是没发生过",那就赶紧把知道的点滴记录下来吧!

对我来说,写完这篇文字,这些材料就算是完成了它的使命,但想到这些信件当中遗存的历史信息可能还有其他功能和价值,即见证历史的功能,所以还是应该把它放在它更应该在的地方。经和家人商量,我们决定将这些材料捐给它的来处——南开大学。联系学校以后,他们也很高兴能接收这样一些私人文件,让学生和教职员工从中多少了解昔时学校的风貌。这不也是件挺有意义的事吗!

半世坎坷意未沉

郭 新

父亲郭烽明1918年10月出生于河北晋州一个开明富足、亦农亦商的耕读世家。他五岁入塾开蒙，塾师郑墨林是清末落第举人。郑夫子拥护变法维新，主张西学为用，他的启蒙令父亲喜读圣贤书，也接受了西学东渐的影响。父亲十一岁入县中，学习数理化，也接触了西洋文学，喜欢柴霍甫（契诃夫）、莫泊桑的短篇小说。在县中，父亲每次月考和期考都是甲等第一。十三岁时，他虚报两岁考取了学制六年的保定师范学校。

那时的保定师范，校风自由，学潮迭起。校长孟夫棠、石冠英为学校延聘了一批学贯中西的好教师。国文老师于澄宇奔走于北平保定两地兼课，常带回北平学运的消息。于师古文讲得酣畅淋漓，也选教鲁迅杂文和小说。一篇题目为《论拿破仑》的作文，父亲用骈体文堆砌了数百字，自己并不满意，却使先生对这个年龄最小的学生刮目相看。

英文课由北师大谢姓教授兼任，选《英文报阅读举隅》做课本，用艰深的《英文典大全》做文法读本。"取法乎上"的教学方式，为父亲的英文自修能力打下坚实基础。教史地的是北师大毕业的赵钟教授，很有学者风度。讲课夹杂一半英语，

图1 父亲的戎装照。摄于1942年。

他说：中国地则大矣，物并不丰，人则多矣，人却不杰……

保定求学几年，父亲眼界大开，也拓展了兴趣爱好。音乐老师教授美声唱法，尤喜黄自的歌。父亲嗓子好，是歌咏队的台柱子。美术老师言必称文艺复兴，油画、版画、雕刻样样入门。体育教师王守敬、翟荫梧都参加过远东运动会，他们倡导体育强国，用科学的训练方法培养学生兴趣，父亲被选入校篮球队、排球队，也喜欢田径运动。父亲从一个土里土气的农家娃长成为多才多艺、仪表堂堂的好后生。

卢沟桥事变，华北沦陷。少怀修齐治平之志的父亲，毅然投笔从戎，考入空军。先于成都航校三期学飞四载，又赴新疆伊宁空军教导队受训一年。父亲回忆："二百八十多个同班同学摔死了六个,淘汰了近二百个。中国式的、美国式的、苏联式的驱逐机我都可以骑上去,如同骑老牛一样的安稳。我的特技也很好,快滚、慢滚、翻跟头、英麦曼全是优秀,我是以驱逐科第四的榜次毕业的。"

孰料未及上天杀敌,父亲就被诬以"异党"嫌疑首犯,戴上手铐脚镣从新疆押回重庆军事法庭受审。查无实据,同案二十三名飞行员被关进重庆五云山集中营学三民主义。系狱三年,直到抗战胜利才重获自由。对此劫难,父亲有词为叹:"万里从戎,浑如梦,少年时节。家邦恨,吴钩弹唱,失土谁复?原图碧空驰烈马,反遭缧绁投魔窟,仰苍穹呼号意难舒,铮铮骨!"

出狱后父亲活跃于重庆新闻界,先后在《时事新报》《新民报》任编辑、记者、采访主任,其间与母亲相识相知。

母亲辛玉英是山东曹县人,全面抗战爆发时在菏泽六中上初二。她和同学们在师长的带领下流亡七千里,徒步入川,靠国府贷金读完初、高中,又于1942年考上复旦大学新闻系。新闻系当年只招十名新生,母亲位列榜眼。从高中到大学,母亲一直"很进步,很活跃",在绵阳国立六中,她是野草社的发起人,在复旦大学,她加入了中共地下党领导的《中国学生导报》,创办了全校独一无二的女生壁报《雾·黎明》,刊名由女教授方令孺题写,分

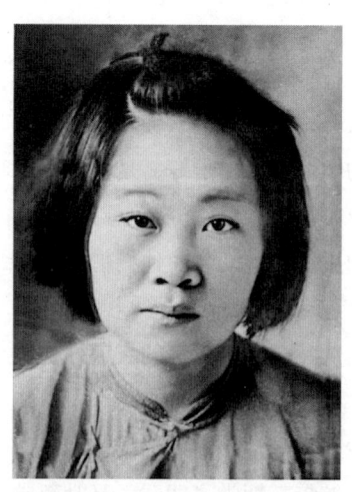

图2 在国立六中读书时的母亲。摄于1942年。

图3 父母的结婚照。摄于1947年。

外引人注目。毕业后,经本系教授王研石举荐,母亲成为《时事新报》唯一的女记者。

父亲与母亲一见如故。他们志同道合,都向往新民主主义的共和国,奋笔写下大量切中时弊的新闻报道、杂文和社评。1949年底父亲的纪实自传《镣铐万里行》连载于《新民报》之《天下》副刊,以翔实的细节和生动的文笔记述了那段从天之骄子到阶下囚,镣铐叮当穿越茫茫戈壁的苦难历程,轰动一时。

那是父母一生中最好的时光,父亲在金婚纪念日追忆往事,依然心意难平:"岁月白驹过,倏尔五十秋。巴山有缘结识,意气两相投。同怀国仇家恨,曾道王者无冕,涉险上飞舟。自忖未尝负,黑发少年头。"多年后,已过九旬的母亲在病榻上忆起父亲双手奉上稿件请她"斧正"的情景,还会笑出声来。

1950年初,父母带着一岁的姐姐回到阔别十三年的家乡,

图4 1951年,供职《石家庄日报》时的父母。

在《石家庄日报》做记者。他们满怀欣喜地回到家乡,想不到一下火车就被围观——母亲的披肩卷发、紫红风衣和父亲的紫红贝雷帽、棕色西装是那样不合时宜。

报社社长陈道真诚地欢迎我的父母,并一直引为知己。书记程振鹏则严肃告诫他们"别再想资产阶级那套上马金、下马银,要接受脱胎换骨的思想改造"。翻看那个时期父母的证件照,改造明显已见成效。

两年后,集中营难友萨空了看到《光明日报》转载了父亲的文章,立即写信邀请父母到北京人民美术出版社工作。父亲担任了半月刊《连环画报》的编辑组长,在他的主持下,《连环画报》佳作迭出,步入第一个鼎盛时期。

父亲首开先河,为刘继卣、王叔晖、任率英、墨浪、林锴等绘画大师的四扇屏配写诗文,接连推出《闹天宫》《西厢记》《三

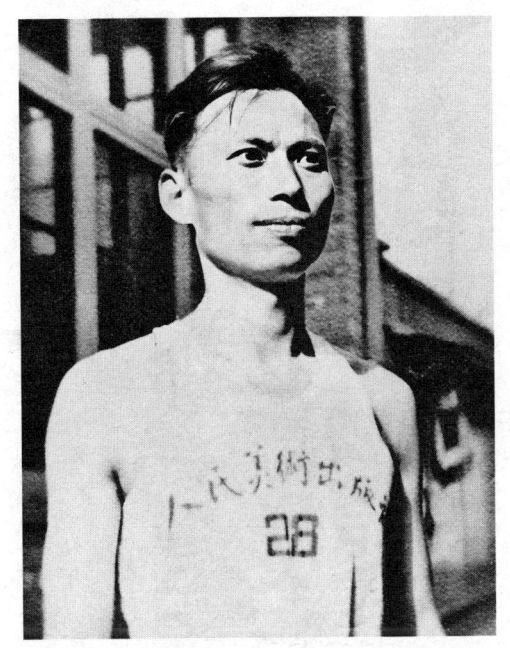

图5 1956年,父亲供职人民美术出版社。

国》《白蛇传》《劈山救母》等作品,图文珠联璧合,成为传世精品。他还编写过几十本小人书,有古典名著、民间传说,也有《子夜》《命令》《广岛姑娘》等当代题材。《借罗衣》的文字是小快板,六十多年过去,我仍能倒背如流:"说了个二嫂顶懒散,种地耕田她不干。整天拿着个镜子照,爱穿爱戴爱打扮……"

那时,父亲喜欢带全家郊游,让我们尽情奔跑,放风筝,捉蚂蚱;周日用手摇留声机放唱片教我们唱歌,《玛依拉》《你含苞欲放的花》……逢年过节陪我们看烟火,放"老头花"。周末从幼儿园回家,妈妈皮包里总有最好吃的糖果,父亲则把

图6 1955年的笔者

藏于身后的画报、小人书一本一本"变"出来。最快乐的记忆是我们姐弟坐着小板凳围在藤椅旁,听爸爸绘声绘色地讲故事。不想看我周一哭闹,父亲就在周日我熟睡后叫个三轮儿提前把我送回幼儿园。

  这是父亲事业的第二个黄金时期,也是我记忆中最幸福的童年岁月,可惜太过短暂。1958年春,出版社为凑足"反右"指标,把父亲补划为"右派"。因为他曾建议成立专家咨询组改进画报工作,犯了攻击"外行不能领导内行"的大忌,还写了《迎风户半开》的大字报,批评社领导开门整风不主动。

时值"三年困难时期",父亲和文化部一千多人被送往北大荒劳动改造,饥寒交迫地伐木开荒修水库。1961年底摘帽回京时,父亲强壮的体魄已严重受损,浮肿咳血,胸腔积水,幸亏其间有一年被公安局抽调回京筹办十年大庆,才没有恶化。

1961年父亲被下放到山西阳泉煤矿。母亲担忧父亲的身体,婉拒了领导"慎重考虑"的善意,放弃上海人民美术出版社特派驻京编辑的工作,带着我们姐弟随迁山城,和父亲一起做了中学语文教师。初到阳泉,母亲曾在小黑板上练板书:"真不想当教书匠,为了混生活,硬着头皮上讲台。"妈妈说,她在绵阳国立六中念书时,女同学都想当老师或做会计,只有她一心想当记者。年少不解慈母心,多年以后才明白,为了父亲和这个家,母亲做了多么大的牺牲。

图7 1958年的全家福

图8 1979年底,父亲"右派"问题改正后,和母亲一起在他们任教的阳泉矿务局一中校门外合影。

生活逐渐安定,全家不再吃大食堂,餐桌上有了肉蛋鱼。家里订了《少年文艺》《大众电影》《人民文学》等期刊,星期天父亲带我们去小城唯一的书店买新小说,把被褥卷起来在床板上教我们打乒乓球。我们姐弟的奖状贴了满满一墙。父母为人师表,人品学识有口皆碑。

图9 20世纪80年代初,父亲退休后含饴弄孙,尽享天伦之乐。这是他和孙女小迎在一起。

"流落山乡即是家,何方热土不栽花?"原以为一切又将向好,不期而至的竟是"十年浩劫"。父亲重新戴上了"右派"帽子,妈妈的罪名居然是"现行反革命"。二老双双被"清理"出教师队伍,在校水玻璃厂进行三班倒的劳动改造。我也被"上山下乡"的大潮裹挟着,当知青种地去了。

终于熬到拨乱反正的80年代,父母相继退休,而且都成了离休干部:"颠连坎坷已过,儿孙膝下欢歌。晚景悠然自乐,吟诗作画翁婆。"父亲的诗书功底在晚年大放异彩,可谓厚积薄发,大器晚成。这得益于被父亲视为奇人的幼时塾师郑老夫子六年的传道授业。

父亲的诗词颇具唐宋古风,他最爱陆游和辛弃疾诗词中的豪放和家国情怀,同样的投笔从戎又弃武修文,萧条异代却有情感共鸣。父亲把自己半生坎坷、报国无门的愤懑,昔年同生共死、老来肝胆相照的同学情义诉诸笔端;也将与母亲相濡以沫白头偕老的深情、晚年含饴弄孙的幸福和"悟道于笔墨丹青"

图10　1986年的全家福

图11 晚年的父亲重操故业，耽于诗书画，怡然自乐。

的快乐凝于纸上。

父亲的书法挥洒自如、自成一体，最能体现他在漫长一生中，读万卷书、行万里路而积淀的渊雅学识和艺术造诣。字如其人，他既有谦谦君子的温润，也不乏老骥伏枥的坚毅，毫蕴千钧力。

父亲作画很随意，宣纸、高丽纸甚至糊窗户的毛头纸均可，水彩、广告色混用。博采众长也自成一家，自嘲"有乖法度、不中绳墨、九流十家之外、打鸭子上架、依样葫芦君、兴来鸦栖壁、意到不求工、私淑百家于门墙之外、左道旁门有吾师焉……"

学美术的姐姐一直认为父亲的画是短板，不足以示人。但始终陪伴左右的我知道，老爸最好的画作都已送人，这些年我费尽心思也仅寻得寥寥数幅。家中所存多为淘汰的画稿，亦足见这位古稀习艺者起点之高与精进之速。

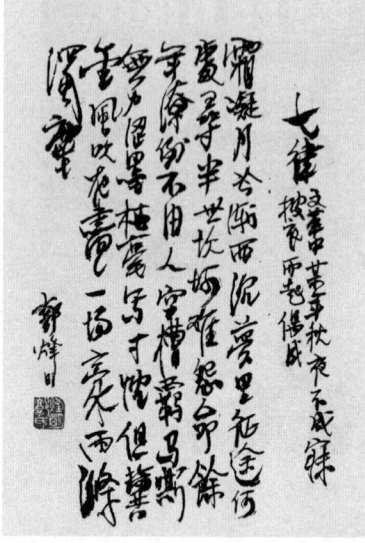

图12 父亲晚年所书其早年创作的一首《七律》，系"'文革'中某年秋，夜不成寐，披衣而起，偶成"。

父亲的篆刻古拙刚劲，布局精到。毕生节俭的父亲不仅篆刻工具都是自己制作，还尝试镌刻大理石和花岗岩边角料。自谦"雕虫末技"，却既能以银钩铁线将《陋室铭》现于方寸之间，也可寥寥数刀刻出"无名老卒、坛下文人、龙套、八成群众、读五车书无长技"等别具一格的闲章，疏可跑马，密不透风。"老郭钝刀"的众多名章也都被视为珍品。

父亲一生精力过人，出手极快，兴之所致，一挥而就。他偏爱行草和写意："燕山初雪太行霜，此叟挥毫效癫张。不是草书非所爱，更嗜调色泼青黄。"画作所配诗书、印钤皆出于自家之手，四艺相映成趣，"珠璧浑然和"。

对慕名求印章、索书画者，父亲有求必应，分文不取，尽显温良恭俭让的长者之风。客人要书画，父亲便说："挑挑吧，看喜欢哪张？"对求治印者，父亲还常赠送石料。我们姐弟出差都会给他买宣纸和石头，可惜那时不懂买国画颜料，不然父亲的画可能更近专业，而非"杂家者流"了。

父亲的同学难友，散居于大陆、台湾和欧美等地，诗书画印是父亲晚年生活的主要消遣，也用以叙旧忆往、倾诉别情：

"生死以之忆当年,比翼翱翔碧云天。海阔洋宽隔知己,别时不易见更难。""刻骨镂心章句,高山流水良朋。少年患难死生盟,难诉此时心境。"父亲仍然是大家敬重的,德能才智都出类拔萃的大学长。

每逢过年,父亲总忙着为亲友写春联。老友儿女留美深造,父亲书赠"一门双博士,三代俱蠹书"以示贺忱;我分到顶层楼房心中不快,父亲笔走龙蛇,写下"莺迁乔木,人上高楼"劝我释然。

2009年8月14日,敬爱的父亲溘然长逝,享年九十二岁。他说:我要去找我那些老哥们了……之后,我就有了记写父亲坎坷一生的想法,惜因种种羁绊有始无终;想为父亲做画册,也屡屡知难而退。幸而在去年父母忌日之时豁然开朗,我决定摆脱所有羁绊,以一己之力自编自印,虽千难万难吾往矣。留下父亲的笔痕墨影,记下父亲的百年行止,我责无旁贷。

夜阑人静,我在电脑前辨识、修复、编辑着父亲的遗墨,每每感觉父母就在我身后相偕而立,父亲颔首微笑的温暖和妈妈凝眸注视的关切都是我完成画册的源源动力。

不图出版,无意藏之名山,就想将《郭烽明诗书画印》,传诸儿孙,赠于亲友,告慰远去的双亲,也了却自己的一桩心愿。

雁过尚且留声,何况我的父亲是昨日雄鹰。

天龙山石窟盗凿之谜

杨 潜

太原天龙山石窟于20世纪20年代遭到"灭顶之灾",石窟内佛像的佛首、穹顶的浮雕等艺术瑰宝被盗凿殆尽。这场空前劫难,集中发生在山中定次郎涉足天龙山之后,人们普遍指认他是荼毒石窟造像的最大祸首。天龙山的劫波往事又众说纷纭,扑朔迷离。这个日本古董商凭借什么瞒天过海,把大量古物掠往海外?又堂而皇之在大阪举办天龙山古佛展,继而拍卖牟利?云志艺术馆藏有山中商会拍摄天龙山的老照片五十余帧,为揭示真相提供了重要线索。

一

山中定次郎的黑手是如何伸到天龙山的,需从20世纪20年代前后,众多日本学者考察天龙山石窟说起。

1918年,在华北考察古建筑的学者关野贞来到太原,通过地方志书查知石窟的确切位置,随即前往寻访。关野贞对佛教造像"天龙山样式"心向神往,当他得见艺术精湛之实物,大为震撼。十数年前,关野贞的前辈、写过《中国建筑史》的伊东忠太也曾游历三晋,却与天龙山失之交臂。关野贞将初步考察公之于众,使这处湮没无闻的石窟受到学界关注。1920年,先后有常盘大定、木下杢太郎、木村庄八等人到天龙山探访,同期也有不少西方人前来。1922年初,通晓佛教的田中俊逸经过充分准备,与在北京经营照相器材的外村太治郎和《顺天时报》照相技师平田饶赴天龙山,对石窟造像进行了为期一周的调查、测量、拍摄。田中俊逸的考察和记录尤为翔实,不仅发现了以往被忽视的石窟,还将二十四个石窟重新编号,回国后

图1 天龙山位于太原市西南三十六千米处的群山之中。天龙山石窟现存二十五座,分列于东西两峰山崖间,始开凿于东魏,历北齐,至隋唐而达到极盛。造像神态高雅柔美,线条清新流畅,雕造技法精湛,世称"天龙山样式",是中国佛教造像的巅峰之作。

图2 时年近六旬的山中定次郎（右坐者）在晋祠客店与店主的留影。右立者为店主。穿长衫身材修长的左立者是临时被山中商会雇用，还是山中商会的中国籍职员，不得而知。其他二人是山中定次郎此行的日籍助手。

撰写了《天龙山石窟调查报告》。其他学者的研究论文也相继刊布，1922年10月，外村太治郎等人的写真集《天龙山石窟》由金尾文渊堂出版，使天龙山名声大噪，广为人知。

山中定次郎是何时、何处获知天龙山信息的，尚无明证。作为触觉灵敏且唯利是图的古董商人，他既不关注建筑研究，也不热衷佛教圣迹，兴趣全在网罗搜购古物。他死后编纂的《山中定次郎传》一书有去天龙山探访的记录：大正十三年（1924）6月，他又寻访了以北齐、隋、唐等朝代的佛教石刻为特色的中国山西省天龙山石窟。关于这次考察，他留下《天龙山石窟考察记》一文，并在本书最后收录了这篇文章，以供读者参考。在书中插入的各种手绘图，都是他亲自绘制的。文中提到的考察记,最早出现在1928年大阪天龙山古佛展,另有姊妹篇《天龙山古佛》写真集。这两本册子是私人印刷物,印数不多,目的是为抬高拍品价格做宣传。山中定次郎请关野贞作序,同时写了自序,这恰使这本所谓的考察记,留下了无法自圆其说的破绽,也暴露出此人惯于作伪、说谎的秉性。

山中定次郎的自序称:"天龙山石窟内佛龛、佛像等雕刻作品众多,实为佛教艺术的一大圣殿。对此敬仰已久的我,身临其境时也充满了惊讶与喜悦之情,怀着敬畏之心,我用手电筒多次察看了石窟内的各个角落,生怕漏掉一丝细节。"接着

图3 山中定次郎一行在牛家口村留影。此处是从太原方向进入天龙山的必经之地,附近煤窑众多,太原县煤厘局在牛家口设卡收税。交通工具为北方最常见的骡马车,大概是逆光拍摄,几个人的面孔不甚清楚。

叙述了1926年10月二次探访时所见情景,"细看佛像我发现有几具曾经完整的塑像已经失去了头部,应该是被什么人割下来的,令我感到十分惋惜。在那个瞬间,我仿佛觉得失去了一位老友,同时,对于那些胆敢破坏如此名作的偷盗者们,我也很难抑制憎恨的情绪"。他还标榜自己因怀有对佛祖的虔诚,故在东西各方的遥远场所,不遗余力地收集失落的佛首,至1928年收集到数十尊。姑且不讨论他有没有"敬畏之心",先看看他说了哪些谎话:对二次造访时石窟盗凿轻描淡写,隐瞒造像几乎尽毁的情况;故意把购入的佛首出处模糊为来自遥远

图4 在窑口村与车夫的合影。山村的民居虽不是宽敞大院,却并非穷乡僻壤,太原绅士刘大鹏日记记载:"窑口村演唱秧歌曾经三日,由于山民充裕,家皆有余粟不忧饥馁也。"村边有天龙山流下的溪流,雨季形成瀑布,景色清幽。影像里出现了驮运行李的毛驴,我们可推断此行雇佣车马的数量。

图5 山中定次郎与圣寿寺住持净亮和尚（居中坐者）等人合影，其中有同来天龙山的车夫及当地村民。此照被《天龙山古佛》收录面世，成了净亮勾结日本人的证据，也是追索天龙山流失古物的重要线索。

的"东西各方"，以遮掩他从盗窃者手里直接购入的事实；对造像的损毁作痛心疾首、义愤填膺状，把拍卖交易竟说成是为保护，云云。这套说辞，活脱脱是他外示道貌、心怀诡诈的自画像。

　　从《天龙山石窟考察记》正文看，更是欲盖弥彰。只有高等小学正规学历的山中定次郎，沉浸古董行业数十年，虽有相当高的鉴别眼力和经验，但不具备考据石窟造像年代、流变及佛教仪轨等方面的专业能力。可他浑然不顾，无知者无畏，《天龙山石窟考察记》所涉及的这些问题，多是从学者们的研究报告中抄袭、拼凑而来，没有个人新见。尤为可笑的是，他的这

图6 山中定次郎等人在西峰第八窟入口西侧的留影。第八窟是天龙山石窟群第二大洞窟，建造于隋朝开皇四年（584）。入口左右两侧各有一尊金刚护法，山中定次郎身后的造像后被盗凿，与窟内的佛像均遭劫难。

篇"大作"丝毫未记考察的方法和步骤、参与人员等紧要事项，却在正文之始，不厌其烦地记述了从北京出发，中转几次火车、几时上车下车、太原住宿花费，甚至把从太原到晋祠，可供选用的人力车、汽车、轿子所需车资也都记录在案。唯一有点原创意思的，是插在文本中粗陋的手绘示意图。山中定次郎在展出、拍卖古佛前印制的两本册子，用来忽悠那些热衷"淘宝"的富豪巨贾，自然不在话下。他还诓骗以保护古建为志业的关野贞为他造势，其中内情确实值得去探究。

二

冗长的文字叙述总会让人乏味，从影像画面切回到当时的现场，历史的细节一一呈现。

山中定次郎从晋祠开始拍摄，定格了这几个文物盗贼的鬼魅行踪。遗存影像大致分两类：一是记录他们前往天龙山石窟的活动轨迹；二是专为拍摄石窟造像、石刻等古物。照片显示

图7　从西峰第八窟位置拍摄的东峰石窟。

图8 山中定次郎在西峰第九窟内的菩萨造像下侧留影。第九窟建于唐代,分为上下两层。关野贞认为此窟是天龙山石窟的中枢。佛龛上层一尊七米半高的弥勒佛端坐于须弥宝座之上。下层有三尊菩萨,中为观音菩萨造像,像高五米半;东侧为普贤菩萨造像,坐骑为象;西侧为文殊菩萨造像,坐骑为狮。

该"团伙"由四人组成,山中定次郎除外,从另三人的相貌、服饰判断,为两名日本人和一名中国人。前者可能是山中商会北京分店职员,此行他们充当助手;中国人或许是临时雇用的翻译兼向导。在记录他们活动的照片中,能发现一个有规律的现象,凡在平坦地点的留影,中国人总在其中,而位于崖洞处

图9 山中定次郎等人在西峰第十二窟前,两位当地人打扮的是他们雇用的村民,来协助他们攀爬石窟。第十二窟是唐代建造,入口处有两座单层覆钵式佛塔,此窟位于断崖处,进入此窟非常不易。1922年田中俊逸前来考察时,窟内已有三尊造像首臂俱失。

图10 山中定次郎正在攀爬进入第十五窟内,他所借助的梯子看起来十分简陋,似乎高度不够,上端是临时拼接起来的。这个年近六旬的人,身如狸猫,为了"探宝"真是拼了。

图11 这帧照片是山中定次郎（居中者）攀爬第十七窟的情形。有人拿此图作为日本人盗窃佛首的证据，甚至还有人说山中定次郎在日记中记录了此事，目前无史料表明他写有日记，实为解读有误，以讹传讹。田中俊逸考察时，曾对此窟内的造像之精美大为赞叹。但在山中定次郎探查后，石窟内外的造像就被盗贼扫荡一空了。

的留影便无此人。是否可以推想，石窟地点的拍摄由中国人操作，因为山坡地形无法使用自拍方式。

根据山中定次郎的文字记载，他们从太原坐人力车约三小时到晋祠，午间在客店歇脚、用餐，一行四人还与店主合影。奇怪的是，晋祠到天龙山石窟一段路程，照片显示乘用了两辆马车及驮运行李的牲畜。观察记中却写着："再付钱给人力车夫，请他背负行李，顺便承担引路的职责。"一字不提马车之事，不知是因误记还是刻意如此，让人不解。午后续行，经牛家口村等几个村落，到窑头村再沿山腰北行数里，抵达了天龙山圣寿寺。圣寿寺是距石窟最便利且能提供食宿的落脚点，山中定次郎也借此与寺院住持净亮搭上了关系。至此，山中商会的黑手终于伸到了天龙山。

山中定次郎首次天龙山之行，总计拍摄了一百多帧影像，《天龙山古佛》收录了约有半数。从拍摄时间节点到外界获知石窟被盗凿，相隔一年左右。1925年暑期，常盘大定委托日本庆应大学留学生赵青誉，与太原美丽兴照相馆老板一道前往天龙山考察并逐一拍照，发现石窟造像已遭严重毁坏。若干年后，常盘大定与关野贞编撰十二卷本《中华文化史迹》时，痛心地写道："惊闻天龙山石窟几无幸免，尽遭破坏，其状不忍卒睹，令人心酸。东方文化遭此荼毒，使人情何以堪！作者等人将此书刊行付梓，其旨在呼吁保护如此绝无仅有之文化遗产，让其免遭破坏，不受荼毒。"常盘大定等人不曾想到，最大祸首是他的日本同胞。直到今天，还有很多日本学者谈及华夏文物的厄运，把责任归咎于中国人，不愿面对他们先人的罪愆。

抗战胜利之前是国内大量文物流散海外的高发期，当时社会普遍对天龙山造像被盗毁之事麻木不仁。有广泛社会影响力的《申报》也只在1926年6月6日增刊上，刊发《文艺漫谈》披露了此事："据日人调查我国古来的佛教雕刻，次第为我华人自己破坏了。近来这一二年破坏得更厉害。……最近，天龙山的石窟也和龙门的石窟一样，受到同样的破坏了。"此文作者有激愤之语："祖宗传下来的宝物，世界的珍宝却被子孙整

图 12 第三窟为东魏时期建造的石窟,方形布局,三壁刻有佛像和菩萨造像。日本学者木下杢太郎把中国称为"精神的故国",他见到天龙山石窟造像时不禁赞叹:"在熹微的晨光中或薄暮的夕阳下从远处仰望,内心总是不由得被大佛那庄严而又慈悲的容颜所深深打动。"此窟被损毁的时间也是在山中定次郎探访之后。

卖或零卖给西洋人了,想起来真要令人痛哭。我们这种高贵的中国人到了现在的这一代,真不愧是'猿类的不肖子孙'了。"

上述两例可知,天龙山石窟集中毁于1924年6月至1925年暑期。关于佛像究竟是谁起意盗凿、如何偷运贩卖,有多种说法,哪些才是真实可信的,仍有待解之谜。自古盗贼总是诡计谋划于密室、作奸犯科于暗处,罪恶与真相难为人知。当无法起获元凶时,人们只能附会真假难辨的传闻"断案",随着年长日久,管窥蠡测遂成"正说"。天龙山石窟虽遭旷世劫难,所幸的是人们对这处文化遗迹的钟爱与保护,热情丝毫不减;对百年前盗凿真相的追索,也没有停下脚步。

三

　　天龙山浩劫与日本古董商人的光顾绝非巧合，从山中商会日后大量拍卖天龙山古物来看，他们难脱干系。山中定次郎觊觎天龙山之前，已在中国经营古董十余年，其最大"手笔"是把恭亲王府的珍宝古玩"打包"购走，曾引发巨大轰动。美国的纽约、波士顿，英国的伦敦，法国的巴黎，都有山中商会开设的分店，西方富豪是他最大的主顾。1917年，他又在北京设立分店，亦有人称之为山中商会的办事处，专门收购中国古物。别看这个其貌不扬的男人，如同鼹鼠在世界各地钻来钻去，山中定次郎在日本可是大名鼎鼎，天皇曾下颁赐绿绶勋章。他在欧洲也能呼风唤雨，1900年被英国王室赐予皇家认证，法国政

图13　第三窟穹顶精美绝伦的浮雕飞天，也没有逃过文物盗贼的黑手。

图14 此造像是第八窟西壁佛龛内端坐于须弥宝座上的主佛。

府授予他骑士勋位,德国总统颁赐他勋章,瑞典王室邀请他观赏收藏的珍宝。当他不露声色地现身在天龙山,没有人会想到这个心怀不轨的盗贼,将给天龙山石窟带来更大的灾难。下面分别缕析山中定次郎盗宝的几种说法。

说法一:山中定次郎以二十根金条买通圣寿寺住持净亮,得以进入石窟盗凿佛首四十多尊,随后运走。分析这一流行较广的说法,有不少疑点。比如,短时间内把如此数量的造像切割分离,几无可能;即使雇用手艺熟练的石匠,也非易事。盗割过程无疑费时费力，加之人多嘴杂，没有僧人、村民勾连相助难以成事。这对不谙当地民情的日本人，实有不测风险。其次，金条贿赂的说法不合常情，即使以当时最小规格金条计量，这也是一笔巨款。精于算计的山中定次郎，岂能"没见兔子就撒鹰"。对净亮等人金钱笼络或有之，未必初识就拿出金条，合伙分赃买卖没有这样做的。其后的秘密交易，净亮屡获赃款是毋庸置疑的，从他日后被太原县府追查、处理的情况看，因未能掌握此人深度涉案的证据，故只能以未尽管理之责导致石窟损毁，将净亮驱逐了事。至于一次盗走四十多尊佛首的说法，可能是后人由大阪古佛展的展品数量联想而来。此外，有人将日本人攀爬石窟照片解读为前去盗凿，并以此为证据。还有人说山中定次郎日记中，绘声绘色地记录了"盗宝"细节，也属子虚乌有。

说法二：1926年10月，山中定次郎第二次来天龙山，进行了大肆盗凿，手段过程与第一种说法相类，其实只是翻版。前文已述至1925年暑期时，石窟造像几乎全毁，从时间上此说不能成立。山中商会第二次到天龙山必有所图，与佛首等古物交易有关。可能是借上次与净亮等人结识，沆瀣一气，前来商谈收购被盗凿隐匿的文物。古董商欲购入"来路不明"的古艺术品，按一般规矩，是卖家送货秘密交易。1926年10月，山西已是兵荒马乱，石窟被毁也为外界知晓，很难想象山中定次郎会以身犯险，亲自去办理天龙山古物的外运。

说法三：1923年大规模被盗损毁说，此说亦不成立，列出是为说明因何致误。有学者采信这种说法，原因是最初来自常盘大定的粗略推断，他仅知1922年田中俊逸去天龙山考察之事，不知1924年6月间，商人山中定次郎也曾前去。1925年，常盘大定委托他人去石窟拍摄，大部分造像首臂俱失。故

图15 第十七窟东壁左胁侍像,造像的首臂已经被损毁。

编纂《中华文化史迹》,只能借用田中俊逸拍摄的图片,痛心于造像被毁,他还刊用了1925年夏拍摄的造像损毁的八帧图片。并在书中写下:"天龙山石窟被如此大肆破坏,其时当在大正十二年(1923)。"后人不察,以为实据。

还有以下说法,村民和煤矿从业者中的不法之徒,将佛首等其他古物盗割,偷偷售于外国文物贩子。实际上石窟造像的损毁经历了久远的时空,日本学者考察天龙山时,已发现石窟造像的损毁相当严重,许多精美的佛像残缺不全。而1924年至

1925年间,是最为惨烈的时段,千年石窟幸运避开了历史上的灭佛法难,却没有躲过中外盗贼"里应外合"的荼毒。作为佛教圣迹,圣寿寺历代僧人都有监护之责。对找上门来的东洋窃贼,净亮无疑是开门揖盗。若无这些贪婪之辈的默许合谋,山中商会也难能得手。把净亮列为毁坏石窟的主犯,并非虚诬。后人出于对盗卖国宝的义愤,编撰了净亮被时在晋祠的冯玉祥枪毙,人皆称快的故事。真实情况则是南京国民政府于1930年6月公布《古物保存法》,此后又陆续出台了保护文物的若干法规,太原县政府"保护文物委员会"成立,但查办石窟盗凿事件并无多少作为。直到1933年秋天,北平保存古物委员会查获古董商手里的天龙山古物,系日本人的抵押品,查知盗卖佛首之事与圣寿寺僧人有关联。1934年2月,在山西省政府督促下,太原县才把净亮逐出寺院。

山中商会在世界各地搜购古物,攫取手段各种各样,即便巧取豪夺,也要挖空心思使其"合法化"。从1928年大阪天龙山古佛展的品类、数量看,短短几年的搜购已相当惊人,不是山中定次郎说的"经年累月"办到的。综合推断,他先后两次到天龙山,与盗卖者私下谈妥,然后在某个地点或北京分店,坐等卖家送货,用合法买卖程序完成肮脏交易,把自己置于风险之外。当然也不排除猎取的天龙山古物中,有一部分是从其他古董商转手而来。

山中定次郎未透露两次逗留天龙山的时间,极可能是有意为之。需补充的是,按照《山中定次郎传》中的说法,1925年元旦刚过,他又从日本起身,漫游龙门石窟、云冈石窟等佛教遗迹。但他漫游洛阳龙门石窟以及开封等地的影像显示,当在春夏之交。足以说明这些为他歌功颂德的文字,是靠不住的。当时龙门等著名石窟频发盗案，目前尚无证据证明与山中商会有关，但仍可将其列为嫌疑。能确认的是，山中商会继1928年的天龙山专题展览后，1934年5月，在东京举办了更大规模的"中国、朝鲜古美术展观"，中国文物包括青铜器、古玉、石雕、陶瓷等总计一千七百余件。其中佛教造像六十三件，内有来自天龙山石窟、龙门石窟、云冈石窟的佛像，也有来源不明的佛像，标示天龙山石窟的有十七尊。这说明山中定次郎把石刻雕像一直列为猎取目标，太原天龙山、洛阳龙门、大同云冈等地的著名石窟在民国初期所遭受的劫难与苦厄，山中商会是难以撇清罪恶的。

说到天龙山遗失的大量文物，除山中商会为祸至深，是否还另有他人？答案是肯定的，在国家贫弱、军阀割据、社会失序的民国初期，但凡名胜古迹，外国盗贼必蜂拥而至，尤以西方人为多。至于地方官员、民间士民向外人出卖古物并非个案，那是纾解贫穷应急之法。天龙山造像被盗凿事件早有零星发生，1924年6月后出现大规模盗凿，向海外流失也持续相当长的时间。难以想象天龙山在惨烈的浩劫中，有多少不法之徒手持刀凿斧锤，疯狂劫掠。

时间来到2021年7月，流失在日本近一个世纪的天龙山第八窟北壁主尊佛首回归原属地，唤起了人们对天龙山之殇的记忆。此前，天龙山石窟文博部门就与国内外多家学术机构携手，对散落在海外九个国家、近三十座博物馆的一百余件天龙山造像进行三维数据采集，石窟佛像的数字复原工程正有条不紊地展开。利用高科技复原器物的状貌不再困难，但恢复合乎历史真相的群体记忆，平复民族的历史伤痕，仍需付出更多努力。

（图片由云志艺术馆提供）

我和梅娘的交往

邢小群

梅娘去世，一晃十年了。十年前，我去昌平殡仪馆为她送行的场景，仍然历历在目。近日，我为她画了一张素描，回想起和她交往的点点滴滴。

我是1997年认识梅娘的。因鄢烈山的介绍，她既不拒绝，又很矜持。我表示想对她的身世有个采访，还把采访别人的文章送她一阅。她赠我一本《梅娘小说散文集》。

读过之后，我才了解到，梅娘本名孙嘉瑞。她的父亲是近代闯关东开拓东北富饶荒原人的后代，遂成为近现代边贸通商中迅速发达起来的民族工商业首富；"九一八"事变以后，他从日本买军火支持进山抗日的马占山；他拒绝任伪满中央银行副总裁，并曾联络内地军阀组织抗日义勇军，不惜毁家纾难。

梅娘还未成年，就成为伪满洲国的臣民，居于长春，在那里读书到高中毕业。她长成于富裕但扭曲的旧式大家庭，心灵的寂寞催生了她少年时期的写作才华，她拿起笔写小说，借此倾诉自己被压抑的女性心声；高中毕业，她想到关内读书，伪满的钞票不能兑换国民政府的货币，只好选择去日本留学；在那里认识了她的丈夫柳龙光。

他们夫妇留学时，曾不露痕迹地在日本各地采购磺胺制剂送往国内抗日战场；后一同回到仍然是华北沦陷区的北平定居。这时梅娘的创作走向成熟，成为20世纪40年代最受欢迎的北方女作家，她的小说获得"大东亚文学奖"。就大沦陷区域而言，这是个什么性质的奖？如何接受这种现实，关乎到我们对当时中国历史格局怎么认识。

图1　笔者为梅娘所绘画像

临近1949年，柳龙光受中共华北局领导刘仁的委托，去台湾做策反工作。不幸的是，柳龙光在回程时遇海难身亡。如果柳龙光还活着，他这个给新四军买过药品、以日本反战同盟者为朋友、帮助进步青年开路条投奔八路军的人，在后来的政治文化中该怎么定位，是很耐人捉摸的。

丈夫逝去，梅娘放弃到日本或中国台湾的工作机遇，憧憬在民主自由的天地中重生。事与愿违，她投入的怀抱并不喜欢她。这个曾经锦衣玉食的富家小姐、如饥似渴地阅读五四新文化作品的日本留学生，1952年，因"忠诚老实"交代历史，遭到批判；1955年，因"日本特嫌"被肃反审查；1957年，被划为"右派"；"文革"让她这个"历史反革命"升级为"现行反革命"。二十年来历经失业、劳教、管制，在生死线上挣扎的梅娘先后失去一儿一女。90年代，文化界才重新发现了消失近半个世纪的作家梅娘。

第二次见她时，我是带着录音机去的。看了她的小说，写

图2 梅娘在长春。摄于1928年。

的是旧家庭中不幸的女性。感觉她的文笔很雅,很静,讲究措辞。她的作品已经陆续收入《中国新文学大系·短篇小说卷》《中国新文学补遗书系·小说卷》。虽然梅娘的小说没有多少时代的、民族的、政治的社会气息,但她怎么看待自己在沦陷区、在日伪政权管辖下的媒体上发表作品这一行为的呢?这是绕不开的问题。当时,我对沦陷区作家作品没有研究,思想上还没有摆脱过去的思维定势。我想,让梅娘谈身世,这些她可能不太愿意谈,但我不能不问。

其实,不要说她的创作经历,就是她的身世和"右派"遭遇,她也是一问一答,不大耐烦。果然,当我问道:"您怎么看待在沦陷区的有日伪色彩的报纸杂志上发表作品?"梅娘听了很不高兴:"你还是受'不是白,就是黑'这种教化比较深。我们生活在沦陷区的人当时并没有'日伪时期'这个概念。只知道凭良心办事,不做日本狗。"后来我又问:"您被打成'右派',有说得上的理由吗?"梅娘又是一句:"那时,领导定你是什么就是什么,没有道理可讲!不过如此。"我不知道怎样提问题,才能既有历史感,又不让她感到难堪。不要说我们是隔代人,即便是同代人,没有相同遭遇,也很难有对那个时代际遇的意会。她的批评是对的,让她耐心说明自己的时代经历和认识,不啻对一个历史空白者的启蒙教育,就好比对不了解"文革"的年轻人解说"文革",从哪儿说起呢?也许,她实在不想对一个陌生人谈起过去的伤痛,但理性又告诉她,我的工作有意义,应该支持。所以,在回答我的问题时,她还是尽量举例子让我明白。那天的采访,时间不算短,但不成系统,很不具体。

图3 1941年,吴瑛和梅娘(后)的合影。

图4 1942年,梅娘在日本。

随着后来的了解,我感到梅娘老人总有一种遇事不惊的淡定,唯独对沦陷区文学的历史判定,她的反应比较强烈。1995年,她给女儿的信中说:"我终于在我的祖国获得了对我的肯定的评价。"看来,这是"文革"后梅娘精神上的真正解放。研究沦陷区文学的专家张泉先生说,1999年4月在"《沦陷时期北京文学八年》暨华北沦陷区文学座谈会"上,梅娘有一段慷慨激昂的发言:

过去我们评价历史,习惯于不是黑就是白,缺少中间色,

图5 1943年,梅娘在北平。

这实际是对历史的亵渎。抗战期间,中国有一半国土沦丧,我生活的地方,它就沦丧了,个人无法选择。怎么能对他们的作品统统不予理睬,不予承认呢?

梅娘在和我的交谈中,十分认可张中行先生在《梅娘小说散文集》序中说的:"有守土之责的肉食者不争气,逃之夭夭,依刑不上大夫的传统,把'气节'留给不能逃之夭夭者,这担子也太重了吧?"她还认可张泉先生在研究中所说的:"在沦陷区文学中,有认贼作父的钻营者,有丧失民族气节的愚氓,

图6 1983年,平反后的梅娘。

也有头脑清晰、创作态度认真的作家。他们由于各种不同的原因或主动或被动地陷入这个泥潭。"有了这些理解性文字,梅娘这方面的情绪似乎平和了很多。她并不愿意张扬自己早期的作品,并不看重把自己和张爱玲相提并论,她的那段比较激烈的情绪,不是为她个人而发的,而是为着沦陷区有正义感、有良知和有进步文学倾向的作家、作品鸣不平。比如,当梅娘知道同是沦陷区的女作家吴瑛的作品被收入由康濯作序的《中国新文学大系(1937—1949)》时,高兴得千方百计地寻找吴瑛亲人的下落。"渴望把'历史承认了吴瑛,吴瑛不是汉奸'的特大喜讯告诉他们。"她曾和我谈道:"日本方面给我发奖,我就不去领。写电影《归心似箭》的李克异也曾两次被评上'大东亚文学奖',也没有去领嘛。关露曾是大东亚文学者大会的代表,却是中共地下工作者。"但我从张泉先生编的《梅娘生平著译年表》看到:1944年11月,参加在南京召开的第三届大东亚文学者大会。短篇小说集《蟹》获第二届大东亚文学奖。我问张泉先生,怎么理解梅娘的这次参会?张先生说,前两届颁奖在东京,南京这次开会,日本在沦陷区的统治已成颓势。梅娘的获奖作品很畅销,受欢迎,日本人有邀买人心的意味。又想到梅娘说过"日伪时期"这个概念,是后来总结历史的一种说法。"那个时候怎么会有在沦陷区就怎么样;到大后方就怎么怎么样;到解放区又怎么怎么样

图7 1997年,梅娘和女儿柳青在香港。

这种想法,这些政治意识都是以后强加给老百姓的。身处其境的人们当时没有这种概念,只是凭着民族良心办事。"她的父亲、丈夫不都如此吗?对此我再没有提起。

我的文章《你好,梅娘》在《书屋》杂志发表后,我和丁东又提出去看望她,电话中清亮的话音传过来,表示欢迎。这次见面,仿佛已是熟人。一开始,梅娘就说起看到了我们某篇文章,一时间,彼此有了不少共同的话语。她很关注时政,也有自己的阅读渠道。梅娘执意请我们在她家附近的九头鸟餐厅吃饭。那年梅娘七十多岁,走路已有些迟缓,下楼、上台阶,我总想搀扶她一下,她两次甩去我的手臂。我心想,真是个自尊要强的老太太。就是那顿饭让我知道了一个不错的素菜"上汤白菜"。记得那天,她没有谈到我的那篇采访。我想,可能她对我的采访不是太满意。是采访内容的蜻蜓点水,还是文章写作不够"文学"?恐怕都有。她是小说家,她的笔下有氛围、有细节、有情致。而我对她的采访,可能距离她的期望差得很远。后来,我将《你好,梅娘》编入我的小书《凝望夕阳》,出版后给她送书,她也没有说什么。她愉快地和我谈到,她应邀去日本访问,见到一些新老朋友。好像这段时间,梅娘自己的写作也多起来,加上媒体的访问,感觉她有一种回归文坛被重新认同的好心情。

　　柳青见到我说:"妈妈把你的文章给我看了,她挺喜欢的。"或许梅娘的喜欢,多表现为外冷内热。当人民文学出版社要编一本《又见梅娘》时,她曾问我,是否愿意再写一篇,我答应了。

图8　1997年,梅娘与朋友们在沈阳合影。

图9 2000年,笔者和丁东出席遇罗文《我家》恳谈会时与梅娘合影。

这次写的《人间事哪有这么简单》,我用了一些上次没有用的采访资料,和我们后来的一些接触,也提到我与梅娘在心理上的距离。之后再见面,梅娘仍然不提文章,但我们的相处更自然了。比如,有一次,她不满意我的围巾色彩,把我拉到立柜前,取出一个多彩的真丝锦缎大方围巾,不容置疑地让我围上。"看,这个比你那个好看多了!"我想婉拒,又不好拂其美意,就又围上了。文学家的骄傲,人生磨难的不屈,处事尺度的柔韧,在她的人格上都有体现。

说到她经历的磨难,不免又有许多感叹。在以后的接触中,问到她失去公职后的生活,她总是三言两语:"不过如此","不说也罢"。我便小心翼翼,不再多问。后来在《又见梅娘》一书中,看到很多人对她那段生活的描述。陈放说:"在建筑工地,她搬砖、挑土、和泥,一天下来能挣九角钱。在火车站货场上,她摆货位,把土豆、白菜、萝卜装上卸下,一天下来挣九角钱。""冬天买不起煤,生不起火炉,左邻右舍做饭时,常常替她蒸几个窝头、一碗饭,晚上又送来一壶开水。就这样,一天两天;一年两年;十年,二十年窝头、开水,没有炉子,没有煤。"柳青说,星期天她也帮助妈妈去扛冬储大白菜,一包包冰冻的一百多斤大白菜,"压在背上,沉得直不起腰,冰得背生疼"。外孙女说,姥姥常让她把别家搬完煤的煤灰扫起来,和水撮成小球,当煤球烧。劳教所的朋友惠沛林说,梅娘靠绣外贸枕套维持生计,绣一叠枕套才收入三毛钱。惠沛林的女儿拉练需要五毛钱,当她们找到梅娘时,梅娘二话不说,给了孩子五毛钱。劳教期间,梅娘一个女儿因病去世;"文革"中,儿子得了急性肝炎,带着"黑五类"帽子挖过十二条防空洞的梅娘,连饭都吃不上,到哪去找钱给儿子看病?她四处借贷无果,最后儿子由街道担保送进了医院,终因医治迟误死去。梅娘没有坠入极度的伤心,她对儿子的思念是每月将绣活挣来的十几

图10 2002年,梅娘与史铁生等合影。

元钱中抽出十元还给医院。断断续续竟还了四年,终让医院不忍,余欠部分一笔勾销。梅娘和我说过,小说就是写人间事,那么面对如此凄凉的"人间事",如此深刻的丧子之痛,放在小说中,会是怎样"伤痕"累累的描述;写在散文中又会是怎样地如泣如诉?可是,在梅娘复出后的作品中,写得很少。在散文《往事》《记忆断片》中,才有一些较细致的情节描写。看了那个外调的高官又拍桌子又瞪眼不容分说的审讯逻辑,梅娘与其活灵活现的问答,令人拍案叫绝!真真是研究"文革"的好范本。难怪梅娘不大愿意说,仓促间说出的事,哪有她纤细笔尖的感性与真切?梅娘在另一篇文章中曾写道:"蒙难时,不愿痛哭,为的是激励自己,以渡难关;昭雪时,不愿痛哭,庆幸那得来不易的苟安;孤独时,更不愿痛哭,为的是制造一种假相,似乎一切心满意足。"这时我才明白,梅娘看重的是真正的理解,那种一般的同情,一般的溢美,面对她水晶般又亮又硬的心结,都会显得苍白无力。在侯建飞的文章中我看到梅娘这样的解释:"所谓苦难,那是一个时代造成的。时代对于哪个人应该都是公平的,人要活着,本身就得付出代价。"在散文《告白云》中,她又有解释:"生命必然伴随七灾八难,韧才能支撑人类到达彼岸。"不要说当年大祸来临时,梅娘"从来没有怨言和呻吟";就是走出泥淖后,梅娘的平静,也是一般女性难以做到的。

也许,苦难的经历让她对一切自己可以援手的事,都富于同情和热心,截然不同于她对某些事的固执和不容劝说。她给还在劳教中的好友的孩子织毛衣,给邻居李燕平细致周到地介绍婚事,果敢地帮助遇罗克发表文章,耐心给邻里绣友们讲解绣图,认真帮助街道主任办黑板报……这些既可看到民间的同情给她以支撑,又可看到她热情善良的助人本能。她总说,她

图11 2012年,梅娘与范家屯乡亲在一起。

的朋友很多,农影厂有自己的朋友圈;劳教回来的是一个朋友圈;当年的"右派"又是一个圈;支持她帮助过她的老作家康濯、赵树理等,更是她精神上念念不忘的友情之圈。"归来"的梅娘在朋友圈中发挥着她的能量。80年代,她着手翻译一本日本学者写的《赵树理评传》,2000年才出版。她表示:不是为了扬名,也不要稿酬,只是为了"偿还思念"。我相信"相濡以沫"的感情世界。她帮助朋友,朋友们也在帮助她。有一次,我问她,是否有人给您介绍过老伴,她大笑:"介绍过一个,那是什么人啊!那是什么价值观啊!根本谈不到一起。"见了一面,她就否定了。当然,她也有过心心相印的人,那人为她"遮挡过冷风",种种原因,让他们没能相偕成伴。

随着年龄的绵延,我感觉梅娘老年性的衰弱在增多。一度,她那里的保姆仅仅是白天的小时工。我们曾介绍一个当编辑的女孩和她相识,请她考虑是否可让女孩晚上住在她那里,一来女孩不必专门租房,二来晚间是个伴儿,对她有个照应。她们相识了,女孩没有去住,但她很喜欢女孩的淳朴与好学。后来女孩考上中国人民大学研究生,经常来看望她,以至于女孩毕业后参加工作又结婚的消息,还是梅娘告诉我们的。

有一年,梅娘去温哥华与女儿、外孙女团聚,大约住了半年。她给我们来过两封信。每当读到"亲爱的小群、丁东:你们好!"我都感到非常亲切温暖。来信谈到她在那边的观感,谈到给华人报纸写的散文并抄给我一阅,如《牙行博士》。柳青操心母亲的身体,多次接她到加拿大居住,并动员她在那边终老,她不愿意,一定要回来,忙这忙那。后来,我们搬家,离她越来越远,过了很长时间去看望她,还遇到她胳膊骨折,正在恢复期。她几乎没有主动来过电话,我们的节日问候,她也从来不说自己的难处,和那些总爱说自己有这病那病的老太太们比,梅娘真是要把坚强进行到底。

梅娘健在时,我没有主动提出给她做口述历史,说实话,我怕她会很挑剔。张泉先生研究她最早、最深入,他是最合适的人选,似乎也遭到婉拒。后来,柳青感到时不我待,做了一些录音工作。梅娘的一生,何曾不是当代中国女性知识分子的一个缩影?好在,她自己写的家世、经历、遭遇,以及大家的回忆,已经记录了她一生的概况。

童年记忆

王　淼

我出生在鲁南的一个滨湖的小城。小城很小，东西走向两条大街，各称作"老街"和"新街"，老街是旧城镇所在，新街是新城区所在。南北走向两条大街，一条是断头街，向北通往码头——从这里坐船，可以直达南四湖，另一条跨河而过，向北通往地区行政驻地济宁。这四条所谓的"大街"，如果是徒步行走的话，无论是从东头走到西头，还是从南头走到北头，都不会超过二十分钟。

我的父亲在工业局工作，母亲在药材公司工作，我们家就住在药材公司的家属院内。母亲上班的药材公司分为两个院落，中间隔着一条南北街，我们将路东的称作"东院"，路西的称作"西院"。东院是办公区域，母亲的办公室就在东院，家属院在东院的南邻，只有一墙之隔。东院种植的几棵核桃树，就在我家的屋后，核桃成熟的季节，只要打开窗子，即可摘到核桃。西院是药材批发部和库房，里面除了有两排破旧的平房，种满了各种知名的或不知名的植物，在院落的西南角，还有一个方方正正的池塘。

东院和西院虽然并不地处小城的中心位置，却也算不上太

图1 笔者的百日照

偏僻,但因为小城里实在没有多少建筑物,从东院和西院出来,路两边就是大片的田地,所以,我们家和家属院的其他住户一样,平素都是"躲进小楼成一统",很少与外面的农家接触。而这两个普普通通的院落,基本上构成了我童年生活的全部背景。

樊国宾先生曾经在他的《仁慈江湖》中说过:"幸运的人一生都被童年治愈,不幸的人一生都在治愈童年。"我的童年与大多数人的童年相似,既谈不上幸,也谈不上不幸。如果说童年是一个五彩缤纷的梦,我并不能完全认同,毕竟,对于童年的美好记忆,常常是经过无意识筛选过的,包括我本人在内,每个人的童年其实都有自己的痛楚和创伤,也有属于自己的悠悠如小年的日子。然而,不管是快乐,还是忧伤,我更愿意写出童年的真相。

体 罚

大凡出生于20世纪六七十年代的孩子,很少没有挨过父

图2 母亲（左）和她最要好的两个同事

母打的——在那个年代，体罚几乎是家教的代名词。孩子多，不好带，固然是打孩子的原因之一；家庭生活困难，父母们举步维艰，心情郁闷，也经常会拿孩子撒气；而彼时社会上充斥着的暴戾之气，更让家长们把对孩子的体罚看作一种日常。所以，有人说："暴力不仅是个人心理的产物，也是社会和文化影响的产物。"这话还是颇有些道理的。

我家隔壁住着一位姓宋的师傅，他有一个双腿残疾的儿子，名字叫小喜。小喜虽然平时拄双拐，但性格非常叛逆，而打儿子就成为宋师傅的日常功课。宋师傅是一位钳工，打儿子和他在工厂干活的风格差不多，下手狠，没轻重。有一天深夜，不知因何缘故，宋师傅又一次对小喜大打出手。没想到被打的小喜不仅不服软，居然还高呼起"不是人民怕美帝，而是美帝怕人民"的口号，这自然无异于火上浇油。小喜终于被失控的父亲打断了胳膊，还是匆匆赶来的邻居将小喜救下，并送进了医院，才阻止了这场体罚的进一步升级。

  与小喜相比,我无疑是一个很听话的孩子,但同样免不了经常会被父母"修理"一番。然而,留给我最深记忆的倒不是被打,而是父亲独创的另一种体罚方式:罚站。不是穿着衣服罚站,而是用粉笔在地上画一个圆圈,让我脱光了衣服站在里面,一直站到父亲定好的钟点,我才能穿好衣服,恢复自由。这种体罚方式成功地挫伤了我的自尊心,让我变得无地自容,毫无

图3 跟随父亲出差在镇江金山寺留影。

图4 母亲、笔者和二姐合影。

自尊可言,常常只能在表面上处处迎合父亲,或者躲进自己的内心深处,自我抚慰。

但父亲从来没有觉得这有什么不妥,他以为自己只是在尽教育孩子的责任,至于方法如何并不重要,重要的是教育的效果。直到父亲晚年,当我询问他为什么采用这样的体罚方式时,他依然郑重其事地对我说:"这都是为了你好!"

孤 独

事实上,我一直是在一种孤独的氛围中度过童年的。曾经有过很多个晚上,我跟随母亲去东院她的办公室开会,办公室里灯光昏暗、烟雾缭绕,大家都在一遍又一遍地读报纸、表决心,只有我偎依在母亲身边,百无聊赖,昏昏欲睡。一旦回到家中,打开只有十五瓦的白炽灯——那时一般家庭只用十五瓦的白炽灯,超过十五瓦即属奢侈,朦朦胧胧的灯光照在屋顶的苇席上,呈现出各种匪夷所思的图案,有的像云彩,有的像怪兽,有的像丛林,变幻莫测,光怪陆离,而我,则看得痴迷,看得发呆。睡到半夜,我也常常会被这些迷乱的幻影惊醒,突然间莫名其妙地大哭起来……

是的,我曾经是一个非常孤独的孩子,家属院里没有和我年龄相仿的男孩,我的周围全部都是成年人,既没有人陪我玩耍,更无从交流与倾诉。我能够拥有的世界,不过是东院和西院——尤其是西院,完全是一个遗世独立的世界。那里有各种草木,各种昆虫,有

图5 拿着《毛主席语录》留影是一种时尚。

芦苇荡,有野果子……尤其是春夏两季,万物滋长,草木葳蕤,好像是一个浓缩的原始森林,一个封闭的隐秘天地。我流连其中,捉蜻蜓,逮昆虫;幻想,冥思;有时也会到池塘里游泳——游泳是不用专门学的,无师自通,不知不觉也就会了。正是这个浓缩的原始森林孕育了我的想象力,使我常常沉迷于自己的"白日梦"中。

西院的西邻还有小城唯一的露天电影院,我经常翻越高高的院墙,去看免费电影。那显然是一种极具挑战性的翻越,为

图6 笔者孤独的童年生活

了便于攀爬,我在墙垛的棱角处砸出了许多可以充当阶梯的豁口,但即便如此,有一次我还是狠狠地摔了一跤,手臂和膝盖摔出了两块深深的伤痕。当父母询问伤痕的来历时,我并没有告诉他们实情,而是轻描淡写地说了句"跑着跑着绊倒了",便糊弄过去。因为那时的孩子大都是放养的,经常会磕磕碰碰,所以父母并不以为意。

花 头

毫无疑问,植物和昆虫是我童年世界的一部分,但我有时对待它们并不友好。我喜欢蹂躏蚂蚁,每当我看到蚂蚁们排着弯弯曲曲的队伍外出觅食时,我总会截断它们,甚至成片成片地消灭它们,就像进行一个战争的游戏。而捉蜻蜓,粘知了,对我更是不在话下,捉来它们其实并没有什么用途,但我就是特别享受这个"捉到"的过程。这有点像是一个带有一点邪恶心理的恶作剧,我却总是乐此不疲。对待植物也是同样,我会把它们拟人化,然后肆无忌惮地摧残它们。

不能不承认,童年的我有时表现得非常残忍,以伤害昆虫和植物为乐。对于一个年幼的孩子来说,欺负比他更弱的弱者,从残忍中获得快乐,或许是一种病,无疑是深受生活中的某种情绪影响,是对这种负面情绪的一种发泄。我虽然不敢断定,我伤害昆虫和植物的行为,是否与我经常受到父母的体罚有关,但彼时社会对于暴力的渲染,却明显对我影响至深。正像我的父辈们将暴力视之为一种日常,以我当时的年龄,尚且没有能力辨别什么是暴力,我不过单纯地以为,昆虫和植物都是一种毫无价值的生命,伤害它们似乎并没有什么不妥。而一个不容否认的事实是,我们那一代人,从小就没有培养起珍爱生命的心理品质。

我平生所交的第一个动物朋友,是一条名叫"花头"的狗。花头是邻居梁书记家所养的,它虽然个头不大,却身手敏捷,非常好斗。花头显然深谙搏斗的诀窍,但凡从东院门前经过的狗,几乎没有一个是它的对手,哪怕看过去比它的体型大很多,也会在它凌厉的攻势下落荒而逃。花头经常躺在东院的廊檐下晒太阳,我则会蹲在它身边,陪伴它,抚摸它,或者带着它一起奔跑,一起玩耍。有时我也会喂花头一些零食,一些少得可怜的零食,因为我自己也没有多少零食可吃,当然很难拿出更多与花头分享。

但花头却不管这些,它依然以一条狗的方式对我好。每当我与花头对视时,我总能从它的眼神里看到真诚,看到关爱,看到温暖,看到我自己;每当我受到委屈,却无处可诉时,我总是想象着自己在荒野中孤立无助,只有花头能够找到我,并和我一起离家出走。

贫 瘠

那也是一个物质普遍匮乏的年代,大家的生活水平相差无几。即如我家的一位邻居,他是商业局的局长,只是每天穿戴整齐,骑着一辆崭新的凤凰牌自行车去上班,即被邻居们视作富豪,成为全家属院羡慕的对象。所以,尽管我的父母是"双职工",在当时意味着有稳定的收入,但以他们微薄的工资,要养活老老少少一大家子人,也只是勉力支撑而已。

记得某年母亲带我去照相馆拍生日照,我被一辆充当拍摄道具的小童车吸引。那是一辆火红色的三轮童车,放在用于拍摄照片的灯架前面,在强烈的灯光照射下,锃光瓦亮,非常迷人。对于童年的我来说,这辆小童车好像来自一个我无法想象的、遥远的世界,在见到它之前,我还从未想到过世上竟然会有这么奢侈、这么好玩的玩具。在见到它之后,照相馆就成为我的一个朝思暮想的所在,只要有机会,我总会想方设法地跑进去磨蹭一会儿,看看那辆小童车,看看别的孩子骑在上面兴高采烈的样子,想象着自己骑在上面的感觉。在我的相册中,依然保存着这张骑在小童车上的生日照,正是这张照片,将我的童年定格在一个难忘的瞬间。

图7 笔者骑着小童车的生日照

一年国庆节前夕,我所在的小学要组织一支"冬子方队",在国庆节那天接受县领导的检阅。当时有一部《闪闪的红星》电影正在热映,"冬子方队"的创意显然得自这部电影。组织"冬子方队",每人首先要操办一身冬子服,这并不是一件容易的事情,就我们班而言,不仅做得起全套冬子服的没有几人,即便只做半套,也同样让很多家长大伤脑筋。所以,尽管老师再三叮嘱,要全班同学积极配合,但最终的统计结果,仍然只有半数同学表态可以参加,另有一些同学的态度模棱两可,还有

图8 笔者穿着"冬子服"留下的照片

几个同学则明确表态不能参加,因为他们的家庭实在困难,根本拿不出这笔钱来为他们置办这身行头。

相比而言,我家的情况算是中等。母亲为我做了上衣和八角帽,裤子则由父亲的一条灰色长裤改制而成,至于白球鞋,只是以一双旧球鞋扑了一层厚厚的滑石粉,虽然走一步就会留下一个白色的脚印,却也聊胜于无。到了国庆节那天,我穿上冬子服来到学校,方知同学们大都和我相似,穿着新旧搭配的冬子服,却也同样兴高采烈,欢欣不已。很多年过去,"冬子方队"通过检阅台的细节,我早已忘得一干二净,只有那几个贫困同学萧索与无奈的表情,至今仍令我难以忘怀。

肖　清

我从小长得比较瘦小,所以上小学后,我一直喜欢和女生玩,因为女生没有攻击性,更不像男生那么"坏"。其中,我印象最深的一位女生,名字叫肖清。肖清长着一双会说话的眼睛,她走路的动作非常好看,两只脚尖先点地,一条乌黑油亮的发辫很有节奏地左右摆动。我至今还能记起,她走动时,背在身后的那个带有浅红和浅绿色条纹的书包一颠一颠的样子。

我和肖清同路去学校,都要经过一段弯曲的小路。小路旁

图9　学校组织的一次集体活动。左二为笔者。

图10　肖清是文艺宣传队的骨干。

图11　那些难忘的女生

边是一个方方正正的稻场,稻场边有一棵榕花树,花开时节,稻场周围弥漫着榕花的清香。我和肖清总是在那个稻场里相互等待着结伴去上学,有时,离上课的时间尚早,我们便会在稻场里玩一会儿"捉迷藏",或者坐在松软的稻草堆上,讨论一些相当"严肃"的问题,比如:水牛为什么爱待在水里,南飞的大雁飞去了什么地方……我和肖清同是学校"文艺宣传队"的骨干,课余时间,经常会去街头演唱"革命现代京剧"。我们常常联袂演出,我在《红灯记》中扮演李玉和,肖清串演李奶奶和小铁梅。我唱京剧底气不足,显得有点声嘶力竭,却也因此博得了不少掌声。肖清的演出则胜在扮相上,特别是她扮演小铁梅时一脸正气的俊俏模样,常常让人过目难忘。

不知从什么时候开始,我们班里的男女生突然进入了"冷战"阶段,甚至视同陌路。为什么会这样?我们都不理解,却不能不随大溜,这使我陷入了深深的孤独之中。然而,正当我生平第一次感受到失落与无奈的滋味时,一件令我意想不到的事情发生了。那时,我们的课外读物非常稀缺,一本《三打白骨精》的小人书,竟然也成了紧俏商品,而我既没有买到,也没有借到,乃至寝食无味,坐卧不安。有一天放学回家,我打开书包准备写作业时,忽然从书包里抖落出一本小人书,拾起一看,正是《三打白骨精》,我欣喜若狂,看过小人书,才发现书角上端端正正地写着"肖清"二字……

在即将升入初中的那一年,我跟随父母离开了那座滨湖的小城,于是,我的童年和肖清一起,渐渐地离我远去了。那时的我并不懂得,人生固然有很多相遇的机缘,却也总会告别一些人、一些事;一个人的成长也有着很多偶然和必然,而童年为你打开的,就是你即将走向未来人生的那扇门。

去柳树房,送上一帧老照片

李 洁

2023年7月10日,抵达旅顺口的第一天,我就请旅顺地方史专家李华家兄陪我去了柳树房村,为的是了却一份搁在心里已经九年的心愿——给周运清老人送去他高祖父母的合影。

这是一幅拍摄于1904年的夫妇合影(图1),迄今已经近一百二十年了。照片上的两位老人,并非什么"人物",而只不过是当时他家来了一位房客。这个房客,是日本人,叫乃木希典。因这个身份显赫的房客,周家有了这张照片。

先说柳树房。

这是旅顺口北部的一个不大的村庄。解读日俄战争史料时,我知道了这个当年只有十九户人家的小山村。

1904年8月25日,日本"旅顺攻围军"(第三军)司令官乃木希典大将率其司令部来到这里,租房住下,直至四个月后的1905年1月初,俄军请求投降后,乃木希典才率他的司令部离去。日军选中这座小山村的主要原委,是因为它刚好位于俄军要塞的炮火覆盖之外,还因为它就在南满铁路的边上,而且,村东还有一条马路。战端开,兵车行,道路最要紧。

再说乃木希典。

图1 1904年,周运清高祖父母的合影。

稍知日本近代史的人都可能知道乃木其人。他是日本陆军士官学校毕业的职业军人,中日甲午战争(日本称"日清战争")时任少将旅团长,曾率部入侵中国辽东半岛,参与过虐杀清军与民众;十年后,日俄战争爆发,乃木希典被明治天皇任命为"旅顺攻围军"司令官。他率其司令部入侵中国之前,他的长子乃木胜典已经战死在金州南山。在坚固异常的旅顺要塞前,他指挥全军,从外围作战到围困再到总攻,六个月才终于攻陷了俄军各堡垒,并全歼了困缩在旅顺港里的俄太平洋舰队,但代价却是一万八千多个士兵的生命，其中包括他的次子乃木保典。战后，他再度离开军营，被天皇任命为皇宫学习院院长，成为皇孙裕仁等皇室学童的师傅。1912年9月13日，在明治天皇下葬的当天，他与妻子乃木静子双双自刃，殉身于"皇国"，成了日本国民崇拜的一代"军神"，长府、东京、京都、那须等他生活过的地方，都建起乃木神社。

九年前，我因撰写日俄战争的纪录片，专程到旅顺口探看那场战争的遗迹。既到旅顺，除了必看各山头的俄军堡垒，还想去一些史料上读到过的地方，比如说，柳树房。让我喜出望外的是，官方推荐来的李华家兄，不仅熟知旅顺历史变迁，而且恰好与乃木房东的后人认识！于是，第二天上午，我就开着在周水子机场租来的"凯悦"，接上李华家兄，轻车熟路地抵达了柳树房，叩开了周家的大铁门。

照片显示，那一天是2014年7月19日。

想不到七十七岁的周运清那么高大，"山东大汉"的共识只在他身上得到验证，与我这个普通身材的人毫无关系。

周老的祖上是从旅顺口对岸的蓬莱县闯关东而定居此地的山东移民。那天，健壮的老人引我走村串巷，用一口地道的蓬莱话，指点着村里曾有过的大柳树和日本第三军司令部纪念碑的原址，讲了一些有关乃木希典的故事。这些故事，都是他听爷爷讲的。他爷爷少年的时候，见过乃木希典。他爷爷的爷爷，即他的高祖，就是把房子租给乃木希典的房东。

后来，我把那天从周运清老人那儿听到的有关乃木希典的轶事写进了《晚清三国》一书中。

但有件事我没写，这就是本文开篇时说到的周氏夫妇合影的故事。因为知道日军出国作战时有大本营写真班的人随行，

图2 2014年，笔者与周运清老人在宅前留影。

所以，可以知道，为周氏夫妇拍照的，就是随第三军行动的写真班的人。

那天，在周家铺满金黄色的苞米粒的天井里，周运清的老伴儿为我们备上了三张马扎和一壶清茶。完全看不出她本是大连来此插队的知青，与周运清结婚后，生育一儿一女，并在返城政策实施后没有回大连，成了一个地道的农妇。

在宁静的农家院儿里，呷着茶，周运清告诉我：乃木从俺家走的时候，叫人给俺祖宗老两口照了张合影，这么大（用手比划着），那是在清朝，你说中国老百姓谁家挂着大相片儿？听说乃木死了以后，在日本成了"军神"，日本人来送给俺爷爷一本这么厚（比画着）的纪念相册，里面全是乃木和他家人的相片。

我问：你老祖的那张照片现在还在吗？

老人一声长叹：到了"文化大革命"，俺爷爷怕有人说俺家老辈租房子给乃木，还一直挂着日本人拍的照片，就叫俺爹把相片烧了。那本大相册，叫西边周家屯的一个人拿去了，怎么要也不还了。俺爷爷是"文革"结束后"走"的，大概九十岁了吧。

当下我就暗想：再去日本寻访历史名人和遗址时，没准儿会在哪个地方看到周家祖宅的旧影和周氏夫妇的合影呢！如真能遇上，我一定要把照片翻拍下来，并洗印装帧好，亲手送给周运清老人。

图3 2017年，笔者摄于日本京都城郊的"日露战争第三军司令部纪念馆"。

图4 镶挂在京都"日露战争第三军司令部纪念馆"灶台上方的老照片。

三年以后，在日本京都城郊的某个游人稀落的地方，在一片绿荫中，我真的看到了一座中国北方农舍式的平房，只是屋瓦已经是红色的金属瓦而非灰色的瓦片。再看其门前挂着的木牌"日露战争第三军司令部纪念馆"，我不禁窃喜：没错儿，就是它！

果然，一进堂屋，左侧就有一个中国北方农家的锅台。锅台上方，挂着一个相框，内有两张照片，其上各有日文标注——农舍的那张写有"旅顺攻围军司令部所在地柳树房中国民家"，两位老人合影的那张写有"当时的户主夫周玉德，六十四岁；妇周金氏，六十五岁"，从而让我知道了周运清高祖父母的名字。周运清老人说过，他完全不知道爷爷的爷爷的名字，至于爷爷的奶奶，他连姓什么也不知道。

图5 笔者与周运清老人。

隔着相框玻璃,我如愿把这张珍贵的照片翻拍下来。

之后,因为一直没有机会去旅顺口,所以,这张对周家来说弥足珍贵的先人照片也就一直存在我的电脑里,直到如今,借到旅顺口当游学导师的机会,我打印并装帧了这幅照片,并于抵达旅顺口的当天下午,重返柳树房,了却了这桩心愿。

想不到周运清老人已经因病而多年不能下炕,我们一遍遍敲响铁门时,他只能在屋里高喊:"谁?进来吧!"却无法出屋为我们开门。我冒昧地拉开铁门上的门栓,自行入屋,才看到了独自偎坐在西屋炕上的周运清老人。裸着上身的周老,捧着我送来的他先人的照片和写到了他的《晚清三国》一书,噙着老泪,声音颤抖地一遍遍说着感谢我的话。

因为不能再到大门外合影了,所以,李华家兄为我和八十六岁的周运清老人拍下了第二张合影(图5)。

告辞时，我才看到北墙上挂着一张青年男子的肖像（图6）。上次来访，因为没进屋，所以我没见过这幅照片。这应该是主人的旧照，可是，相框里的那个英气逼人的小伙儿，和炕上偎坐着的这位满面皱纹的老人实在不像同一个人。我迟疑着问老人："那是您吧？"老人苦笑道："是我二十六七岁时的相片，现在已经过了六十年喽！"

图6　年轻时的周运清

看到这张老照片，我一下子就明白了他妻子当年的选择。也正因为妻子拒绝回城并拒绝在当地就业，周运清意外获得了就业的机会——快四十岁时，他通过"农转非"进了玻璃厂，成了有月薪的工人。他还因为身材高大而被选拔进入厂篮球队，这该令生产队里的社员们怎样羡慕啊！

现在，周家已经没有女主人了。当年在院落里晒苞米的那位女知青，已经于三年前病逝。

周运清的早饭兼午饭由女儿提供，午饭搁在炕上他右手能拿到的位置（左手所及处是夜壶）；晚饭是儿子来做。他的儿女，应该都是五六十岁的年纪了，各有自己的家。

但愿我送上的这张照片，会给孤寂的老人带来很多有关亲情的记忆，也为周家平添世代相传的因子。

县城拍的"青春照"

于忠民

20世纪六七十年代,"个人崇拜"达到了极点,当时几乎每人的胸前都佩戴着一枚领袖像章,红彤彤、光闪闪,甚是壮观。一个时代有一个时代的流行元素,在那个年代,佩戴领袖像章便是一种时髦,是一种政治态度的具体表现。

那时军装开始流行,而有真正军装的毕竟是少数。老百姓只能穿草绿色的仿军服,然后胸前佩戴一枚红像章,便显得神气十足。这成了一个普遍现象,就连照相也是如此,若照相不戴像章反倒觉得不正常了。

1972年我插队到了农村,这才发现,因下地干活,有的知青为防止像章磨损,便将其保存起来,等休息日换上新洗的衣服后再戴上。

下乡的第二年,忙完了插秧大会战,连里放假一天。想着自己到农村也该留个纪念,平时我农活忙没时间,正好有个休息日而且天气不错,何不去照张相。

于是,我在箱子里翻出从家带来的一件外衣,里边套上带拉链的蓝色秋衣,头上再扣上仿军帽,穿戴整齐后对着小镜子打量一番,自我感觉还算可以。我突然发现胸前似乎缺点什么,

1973年，在盘锦大洼拍摄的青春照。

抬眼见有知青戴着像章，这才顿悟。

我在箱子里翻了半天，也没找着像章，却发现了一个中国共产主义青年团的团徽，这是我入团时校团委发给我的。当初就为了这个团徽，我才来到被称为辽宁"南大荒"的盘锦插队。我格外珍惜，一直没舍得戴。这不也是一个徽章吗？而且还可以证明我是共青团员。对，就戴上这个去照相。我小心翼翼地在胸前别好这个团徽，兴高采烈地走出屋子。

然而，附近没有照相馆，全连的知青手中也没有一台相机，只有大洼城里有一个照相馆。

青年点距大洼城有十里地。迈开步子顺着眼前的一条公路朝前走。两旁的芦苇已蹿出半人高，青翠欲滴随风摇曳，空气中弥漫着乡村特有的清新味道。天空晴朗，有几朵白云舒缓地飘动。长时间大会战的紧张情绪这时得以放松，脚步也变得轻松。十里的路程，一个小时就走到了。

所谓大洼城全长不过几百米，一条破旧的小马路坑坑洼洼。商店、副食店、饭馆、日杂店、浴池……那些清一色的平房，就坐落在路的两旁。如同衣衫褴褛的叫花子散落在旧时代的集市里，简陋且破旧。对于看惯了大城市繁华大商场的知青来说，这里仿佛就是一个相差不知多少年的荒僻之地。

大洼城里唯一的照相馆就躲在路边的一个小胡同内。照相馆不大，显得有些昏暗，布景也极其简单。照相的师傅叫我坐在一个凳子上，让我对着镜头笑一笑。我不知当时笑没笑，只听快门"咔嚓"一响，就知道照完了。

照相的师傅告诉我十天后来取。

回到青年点已是下午。尽管来回走了二十里地，但并未觉得劳累，反倒像完成了一件大事，心情放松。

第二天又继续下地干活，一直等了近一个月，连里才休息一天。趁着这宝贵的空闲时间，我再次去大洼照相馆取回照片。从相片袋里抽出这黑白的两寸照片一看，那面目表情很一般，没有想象中的英俊。那个团徽别在胸前，倒真与红像章相似。我将这袋相片装进了箱子，认真地保存起来，一直留到现在。

几十年过去，这张照片早已发黄。望着当年拍的"青春照"，心里涌起无尽的感慨。

一张军训照

李 立

这是一张民兵们的集体军训照,纸质已经有些泛黄,但图像还清晰可辨。照片上是几队年轻人,他们表情严肃,似乎还有一点儿愁苦,看不到欢乐。

这些青年男女正在练习刺杀动作,有四队横排,第一排是三女一男,占据着画面的主要位置,他们端着模具步枪,弓着步,各具情态,神情凝重,即便左边的一位姑娘只露出了半个身子,也可以体会到她的认真。

不难看出,他们是20世纪六七十年代的一队民兵,因为,后排用木棍举着两块纸写的标语牌,一块太远,字迹模糊,另一块由一个第三排的小伙子举着,标语清晰可认:"召之即来,来之能战,战之能胜!"姑娘们都梳着大辫子,穿着农家自制的布鞋,小伙子们有的穿着背心,有的穿着短袖,一眼就看出,他们是人们戏称的"长衫子队伍"。大概模具步枪数量有限,第二排以后的姑娘和小伙子的手中握的全是木棍。他们的训练,可能是在劳动的间隙,因为有好几位还挽着裤腿。

照片具有十分鲜明的时代特征。我生于农村,没有见过如照片上的民兵们的训练,但对那个时代,还是感同身受。在我

正在训练的民兵

小时候,村子里当道的屋墙上,甚至崖壁和大石头上,都书写着"备战备荒为人民"之类的标语。我记得,那时候,我爷爷是"四类分子",总要没完没了地出义务工,生产队长常常在队上社员收工后,站在公房后的土坡上,向着我家的方向喊:"×××砍一背柴到公房。"或者喊:"×××明天早上带上锄头到河边修路。"队长只喊一遍,尽管如此,我爷爷也从没耽误过义务工劳动,不敢有丝毫懈怠。一个人在时代的洪流中,只是被洪流裹挟的一滴水,容不得选择,也没有选择。

今天,面对这张照片,你可以读出滑稽,也可以读出荒唐,还可能读出沉重……他们不是在演戏,他们在操练,这是他们严肃生活的一部分。面对这些往事,不同年龄的人有不同的心情,可能会置之一笑,也可能会唤醒一段苦涩的记忆,好在往事已成历史。

按照年代推算,照片上的姑娘和小伙子们,现在应该都过了花甲之年,如果他们看见自己的这张旧照片,又会有什么感想?

当初,摄影者可能是为了留念,也可能是为了宣传,拍下了他们。或许谁也没有想到,这张照片可以留存至今。什么叫一叶知秋,从这张小小的照片上,我们就能读出当年历史的轮廓,大约这便是吧。

刘云志的情怀

冯克力

这几年里,云志艺术馆的收藏在《老照片》里多有披露,且每每让读者眼前一亮,叹为观止。

艺术馆的主人,是刘云志先生——齐都临淄的一位成功的企业家。认识刘先生,缘于摄影家、也是《老照片》作者李百军的引荐。百军曾对我盛赞刘先生的收藏,嘱我一定要去看一看。

说过这话,琐务倥偬,转眼又是一年过去了。2019年的夏天,淄博市新华书店为我和百军安排了一场关于《老照片》的分享。因缘凑巧，活动结束后我们即前往临淄，拜访了刘先生，观赏了他的收藏。

以我二十多年编辑出版《老照片》的经历，阅图不可谓不多，结识的老照片收藏家也不在少数，但面对刘云志先生馆藏的感受，无论其题材的丰厚，还是藏品画质的精良，都只好用两个字来描述，那就是：震撼。

云志先生自2013年起收藏老照片，大刀阔斧，已届十载。比起一众藏家，他显然属于后来者，但观其藏品之赡富，已然国内影像收藏一重镇。对于馆中所藏，云志先生向抱"珍物不可私享，嘉图宜示广众"的襟怀，以图会友，慷慨裨世。凡国内报刊、公私机构有所求助，辄倾囊相示，有索必应。这些年，《老照片》近水楼台，于云志馆藏更是获益多多，不胜枚举。其读者尽知，此不赘言。

主人的馆藏与慷慨，吸引了国内众多影像界、史学界的专家学者。僻居三线城市的云志艺术馆，已成为国内影像界一高端交流平台（以我孤陋，有不少久闻其名的摄影家、影像研究家还是在云志艺术馆举办的各种活动中得面真容的）。而云志自己也从老照片的征集梳理、研究交流中，于企业经营之外，获致了人生的另一种价值与趣味。

那天，我陪《老照片》出版策划者汪家明在云志的藏品库房里看他的收藏。家明兴致勃勃地看了一本又一本影集后，抬头环顾满库的藏品，不由感叹："克力，假如我们在创办《老照片》时就认识了云志，该有多好！"

我笑了："那时云志还没收藏老照片呢。不过，我们现在认识他也不为晚。"

家明和云志也笑了……